I0188633

L'UOMO SENZA TESTA

L'UOMO SENZA TESTA

Vita e pensiero di Douglas Harding
Filosofo, Scienziato, Artista, Mistico

Testo
Richard Lang

Grafica
Victor Lunn-Rockliffe

Traduzione
Ma Prem Shanti M.L. Costantini

THE SHOLLOND TRUST

L'UOMO SENZA TESTA
Pubblicato nel 2018 da The Shollond Trust
The Shollond Trust è un'Associazione Senza Scopo di Lucro, reg. nr. 1059551.

© Richard Lang e Victor Lunn-Rockliffe 2018

Traduzione: Ma Prem Shanti M.L. Costantini

Disegno della copertura: rangsgraphics.com

Nessuna parte di questo libro può essere riprodotta o utilizzata,
qualsiasi sia la forma o il mezzo, elettronico o meccanico, senza
previa autorizzazione scritta degli Editori.

The Shollond Trust, 87B Cazenove Road, London N16 6BB.
www.headless.org

ISBN: 978-1-908774-38-5

Il giorno migliore della mia vita
– la mia rinascita, per così dire –
fu quando scoprii di non avere nessuna testa.

Douglas Harding

chi sono io?

  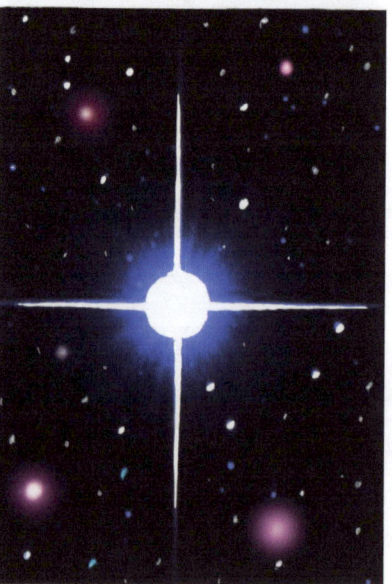

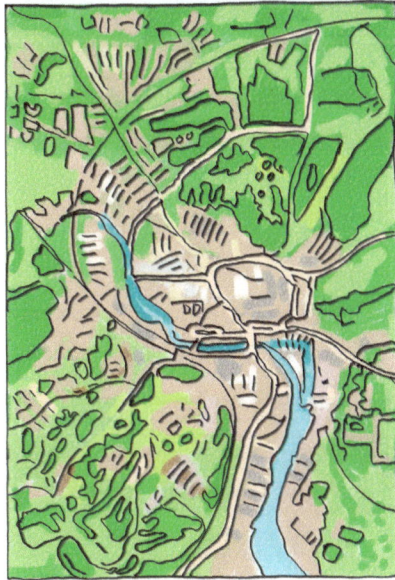
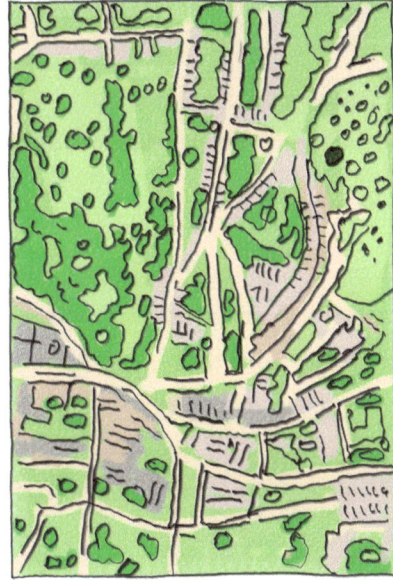
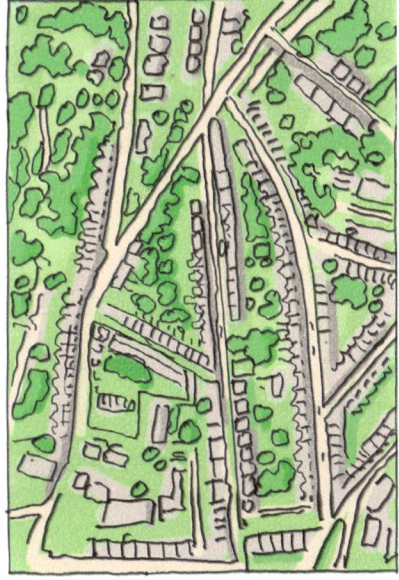

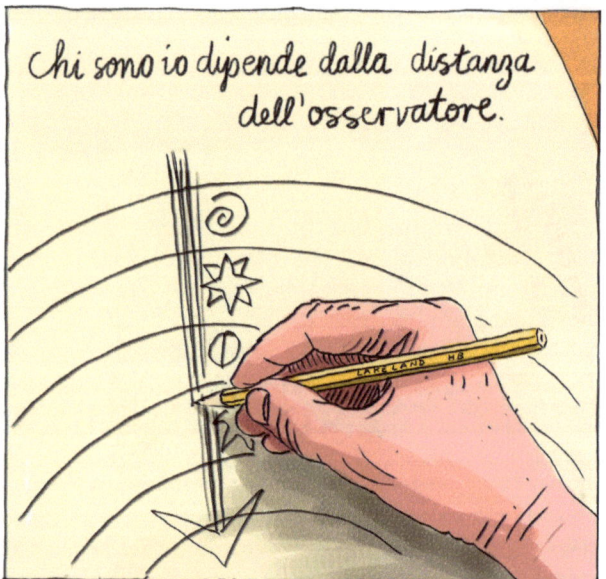
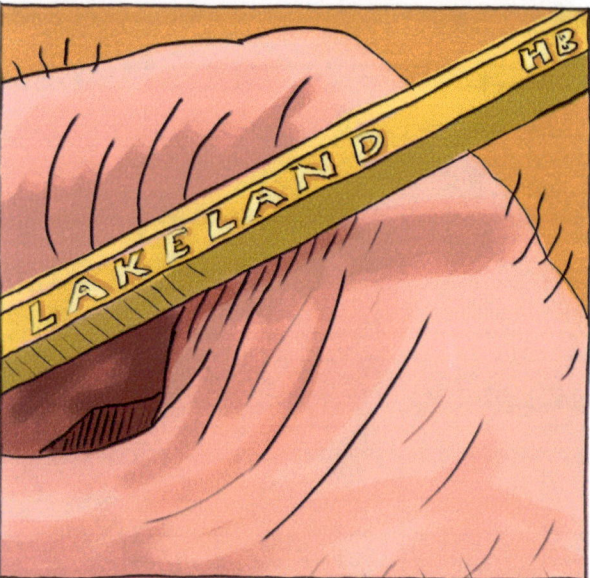
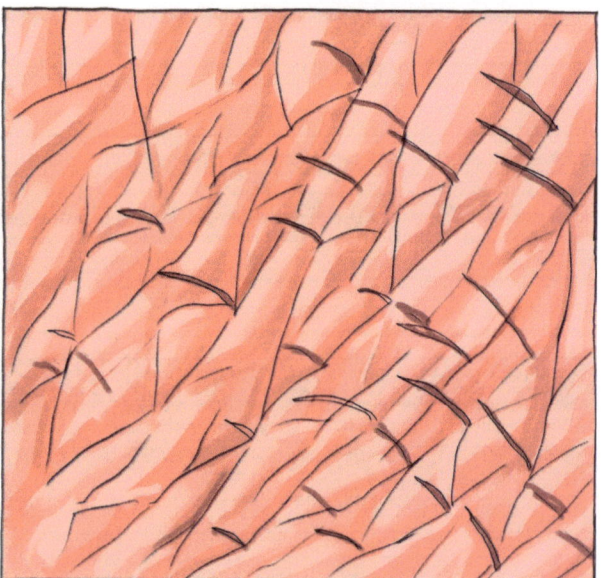

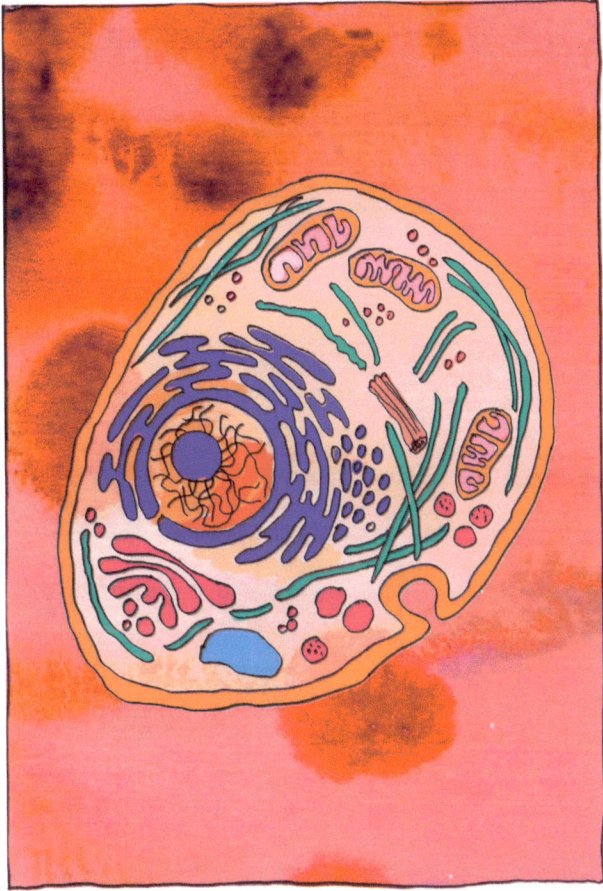
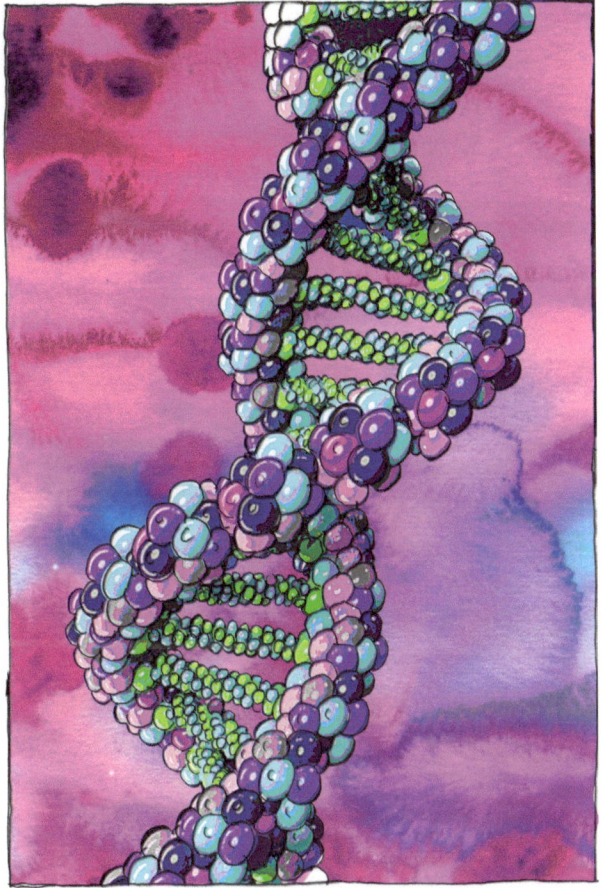

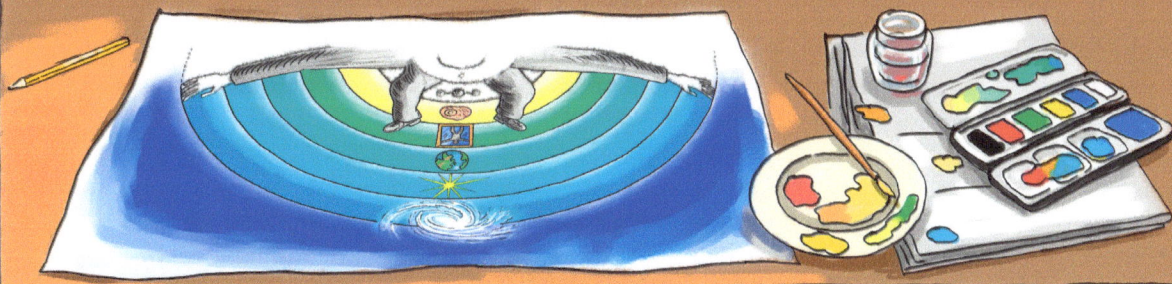

9

Douglas Harding (1909–2007) era un filosofo inglese che elaborò una mappa moderna del nostro posto nell'universo.

The
HIERARCHY
of
HEAVEN &
EARTH

With an Introduction by
C. S. LEWIS

D. E. HARDING

UN NUOVO DIAGRAMMA DELL'UOMO NELL'UNIVERSO

12

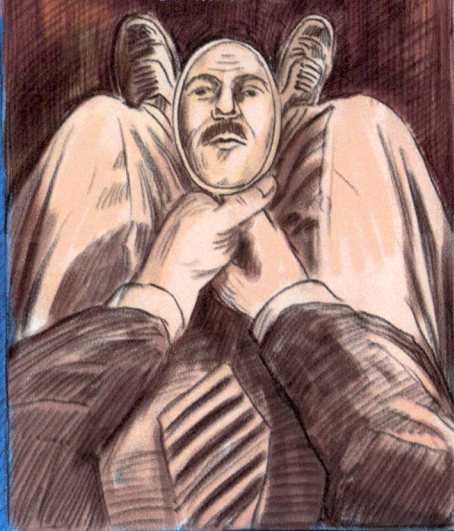

13

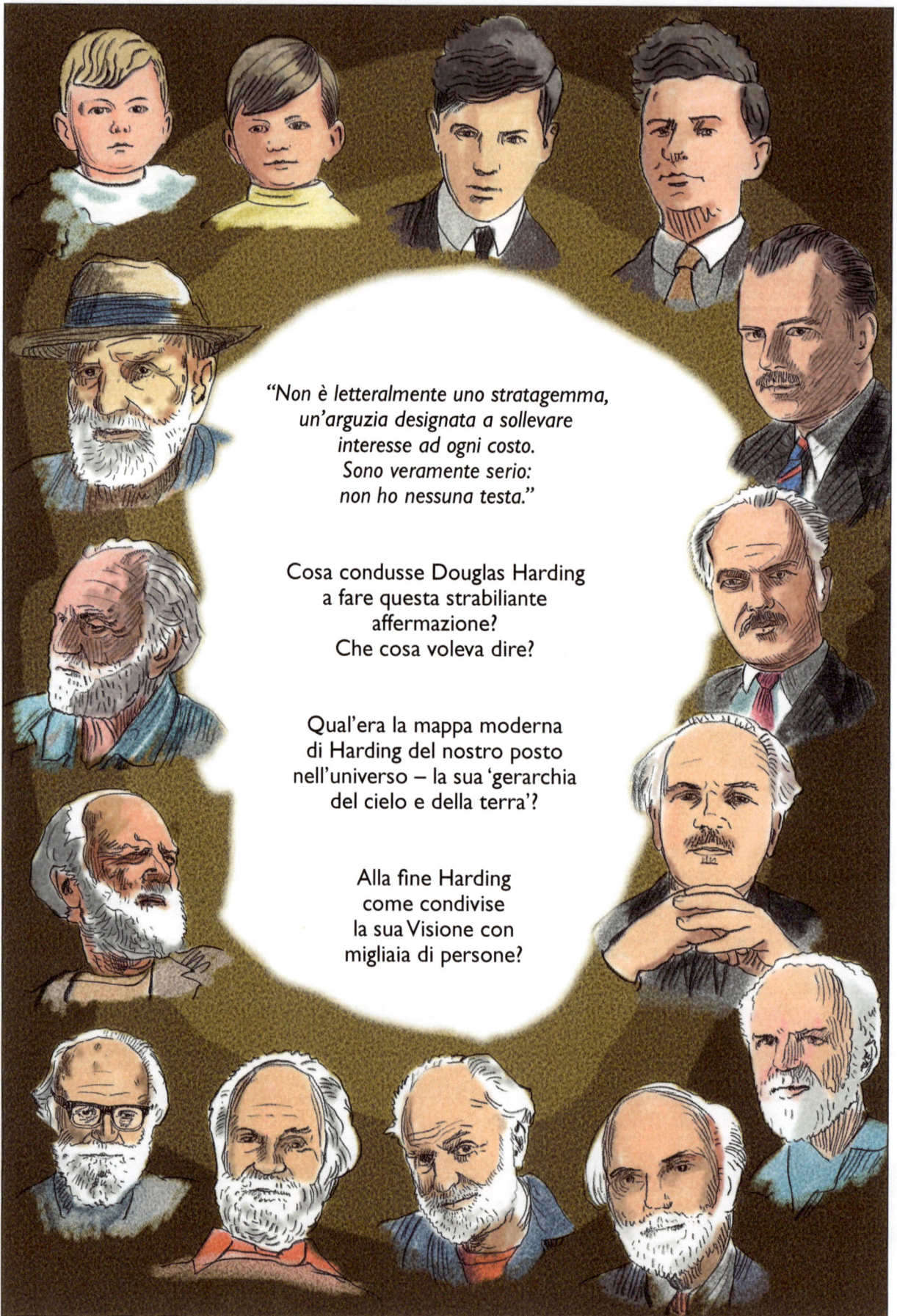

*"Non è letteralmente uno stratagemma,
un'arguzia designata a sollevare
interesse ad ogni costo.
Sono veramente serio:
non ho nessuna testa."*

Cosa condusse Douglas Harding
a fare questa strabiliante
affermazione?
Che cosa voleva dire?

Qual'era la mappa moderna
di Harding del nostro posto
nell'universo – la sua 'gerarchia
del cielo e della terra'?

Alla fine Harding
come condivise
la sua Visione con
migliaia di persone?

Douglas Harding
nacque il
12 Febbraio 1909, a
Lowestoft, Suffolk,
sulla costa orientale
dell'Inghilterra
che dà sul
Mare del Nord.

IL MARE DEL NORD

CAMBRIDGE

LOWESTOFT

HAARLEM

IPSWICH

THE HAGUE

LONDON

Lowestoft
è la città più
ad est in
Inghilterra.

Era una città di stile prevalentemente Vittoriano di attività
incerta tra la pesca e il turismo estivo.

I genitori di Douglas erano Edgar e Annie Harding. Avevano un negozio di frutta, verdura e fiori sulla High Street.

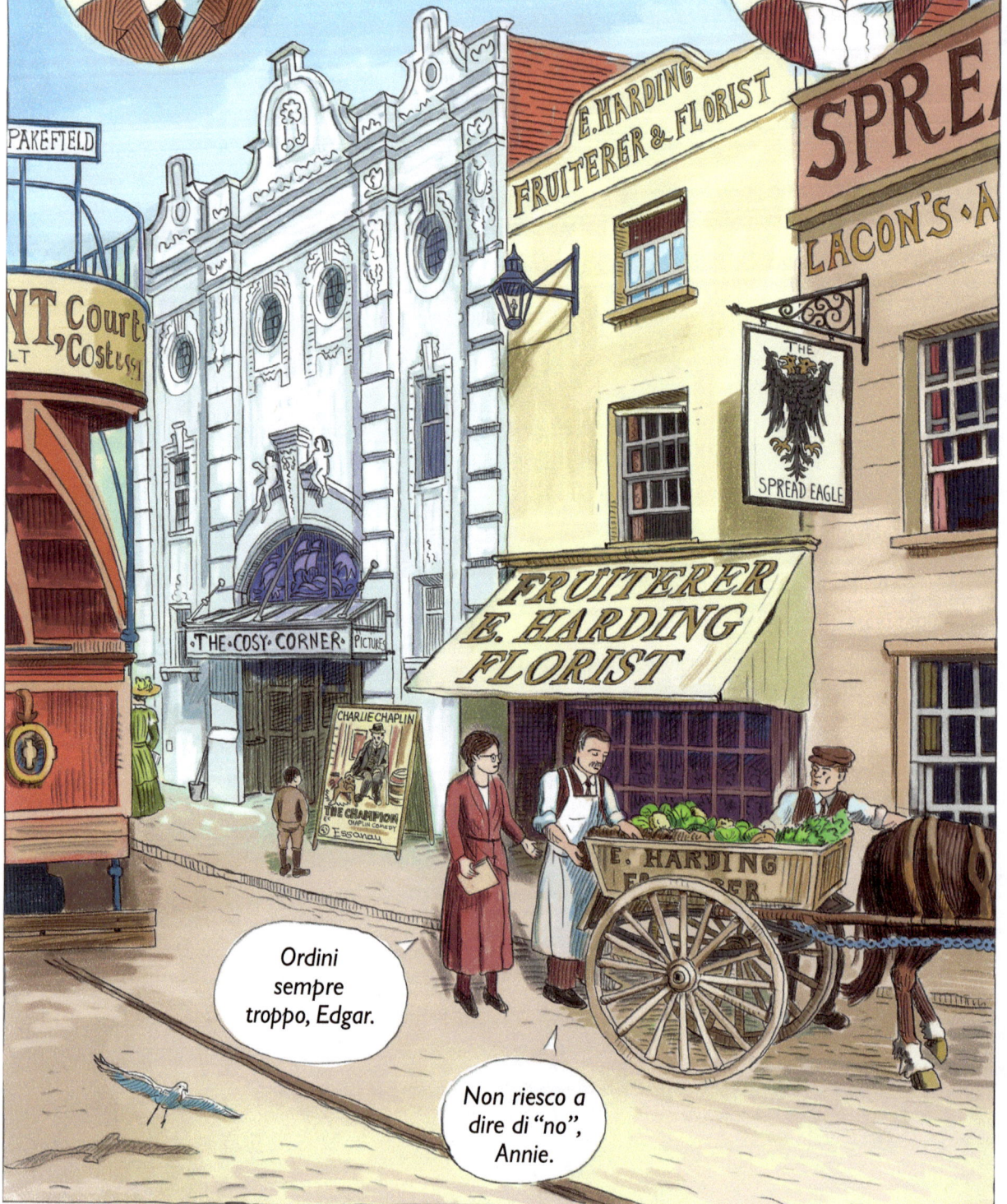

Ordini sempre troppo, Edgar.

Non riesco a dire di "no", Annie.

Douglas nacque a casa, sopra il negozio.

Douglas era il maggione dei tre figli. Sua sorella era Freda, suo fratello Geoffrey.

Douglas va in trance quando annusa la mimosa. E' proprio come te.

Douglas il prediletto di papà.

18

I genitori di Douglas erano membri della setta fondamentalista Exclusive Plymouth Brethren, che si consideravano I Prescelti. La famiglia pregava due volte al giorno.

Il loro confine era verso Jezreel, e Chesull...Chesulloth e Shumen. E Haph...Haphar...im, e Sh...iou...

Papà non è capace di dire quelle parole!

ESSERE IN AMICIZIA COL MONDO È ESSERE NEMICI DI DIO

JOHN DARBY

Douglas, stai zitto! Dio ti chiederà il resoconto di ogni parola vana.

Edgar stava leggendo tutta la Bibbia dall'inizio alla fine – un capitolo al giorno.

Nel 1916 le corazzate tedesche bombardarono Lowestoft.

Signor Harding porti la sua famiglia nei sotterranei del cinema dove saranno al sicuro.

Grazie, ma no. Staremo a casa e pregheremo.

Su, ci metteremo tutti nelle mani di Dio.

Aveva 7 anni.

21

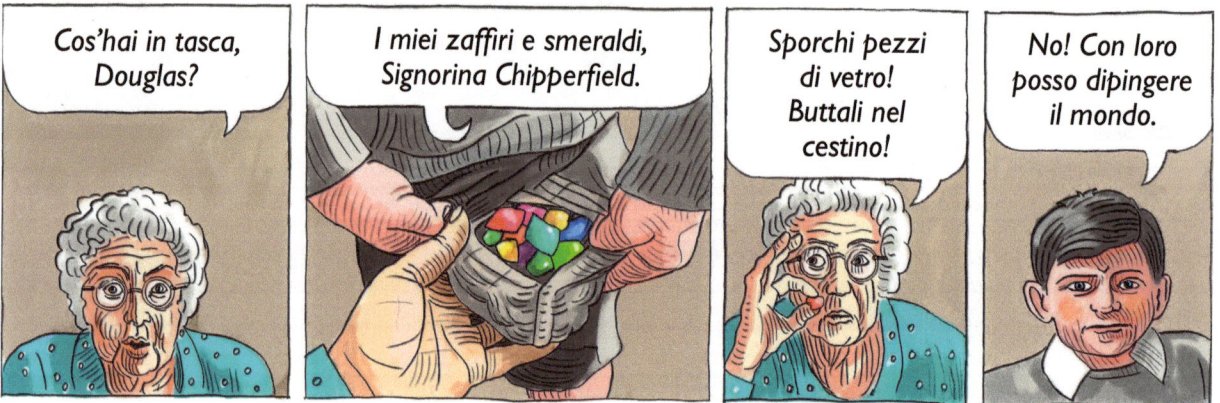

Questa è la collezione di foglie secche di Billy.

Voglio farla anch'io.

Douglas iniziò a raccoglierle giorno dopo giorno.

Ippocastano. Non ne ho neanche una.

In una settimana ottenne la migliore collezione della classe.

Molto bene, Douglas!

Ammoniti! Belemniti!

Ha la mia energia.

Una monarca. Molto rara!

Douglas ha sempre qualche progetto. E non fa mai le cose a metà.

L'esperienza di organizzare le sue collezioni si rivelò utile, anni dopo, quando Douglas si prese il grosso impegno di provvedere alla stesura di L'Ordinamento del Cielo e della Terra.

A 10 anni Douglas stava giocando a tennis con sua cugina...

Eileen si fermò.

Hai il naso rosso!

Douglas corse dentro casa.

Ha ragione. E orribilmente rosso.

Questo maschererà il colore.

Siccome si vergognava della sua faccia Douglas andò a scuola per vie secondarie onde evitare le persone che conosceva.

A scuola...

Douglas ha del dentifricio sul naso!

Guardate!

Ha, ha!

Non è vero!

Ora Douglas odiava la sua faccia. Poi, da adulto, il suo bisogno di liberarsi dalla sua morbosa coscienza di sé contribuì a rendere la sua ricerca del suo 'Volto Originale' – il suo Vero Sé – più di un semplice esercizio intellettuale.

A 16 anni, Douglas lasciò la scuola. Era bravo nell'arte, così suo padre organizzò un apprendistato presso un architetto a Great Yarmouth, dieci miglia a nord. Ci andava ogni giorno in treno.

LOWESTOFT

Douglas realizzò che non imparava molto. Per superare gli esami di architettura cominciò segretamente a ripassare durante gli incontri dei Brethren.

Il Partenone era un tempio Dorico con caratteristiche architettoniche Ioniche.

E' così spirituale.

Douglas superò gli esami intermedi del Royal Institute of British Architecture.

Fantastico! Sono il primo nell'Impero Britannico!

Ho 19 anni e frequento l'Università a Londra!

1928

Successivamente il padre di Douglas diede la colpa a questo trasferimento a Londra dell'allontanamento di suo figlio da tutto ciò che riteneva caro...

25

All'università Douglas rimase influenzato da nuove idee.

Che ne pensa?

La religione è l'oppio dei popoli.

MARX

Siamo governati da impulsi inconsci.

FREUD

A 21 anni lasciò i Brethren. Come al solito non se ne andò silenziosamente.

Perché me ne vado

Scrisse un saggio di una decina di pagine.

Lesse il suo saggio all'incontro locale dei Fratelli.

Non ho più niente a che fare con lui.

Non accetto che siate gli unici detentori della via per raggiungere Dio solo perché lo affermate.

Questo spezzerà il cuore del suo povero padre.

Come osa sfidarci!

E' il caso peggiore che abbiamo mai avuto.

Edgar venne a sapere del saggio.

Vado a Londra per impedire a Douglas di fare un enorme errore.

Avrei preferito che tu avessi commesso un omicidio piuttosto che lasciare i Fratelli.

Non cambio idea.

Brucerai per sempre all'Inferno!

A TALE OF TWO CITIES — CHARLES DICKENS

Douglas venne buttato fuori di casa. Due volte! La sua prima affittuaria era una Sorella di Plymouth.

Mi spiace, i Brethren non mi permetteranno più di affittarti una stanza.

Capisco, signora Fox. Loro pensano io sia malvagio.

Per caso anche la sua affittuaria successiva si rivelò essere una Plymouth Sister!

Sto godendo alquanto della mia reputazione!

Ho appena scoperto che sei. Sei in combutta col diavolo!

I genitori di Douglas tagliarono tutti i ponti con lui. Non più limitato dalle Regole della Fratellanza, Douglas si sentì libero di esplorare la vita...

Questa è la prima volta che vedo un film.

ALL 'OVEST NIENTE DI NUOVO

E' un'esperienza forte, come leggere Dickens per la prima volta.

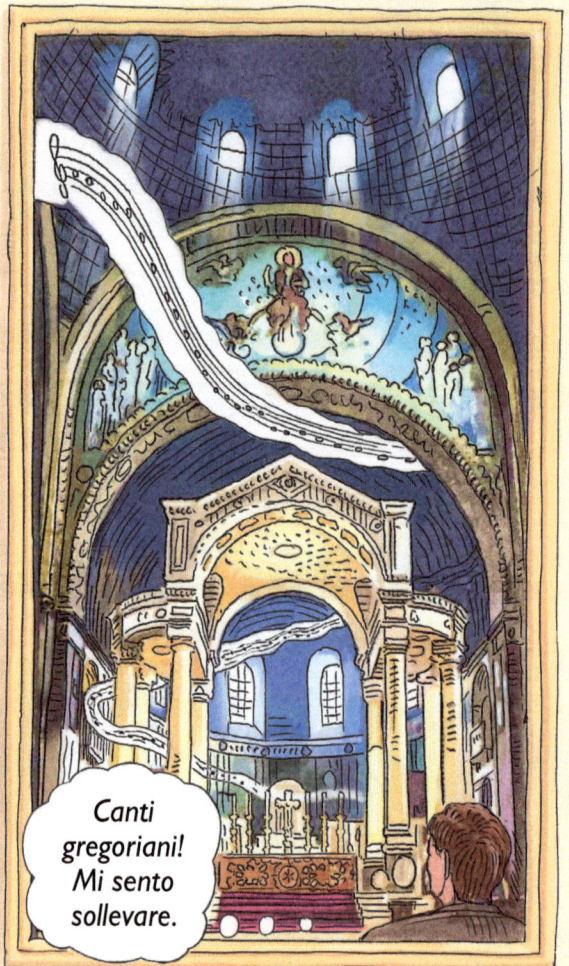

Canti gregoriani! Mi sento sollevare.

La società deve cambiare!

WORKERS OF THE WORLD UNITE

FIGHTING AGAINST STARVATION NUWM

DOWN WITH THE MEANS TEST

Hey, tu, fermati!

Sporco comunista!

Dopo la qualifica in architettura, Douglas trovò un lavoro nella City.

Ti pagherò £3 a settimana.

Sì, Signor Low.

Ma il principale interesse di Douglas non era l'architettura.

Chi è questa persona chiamata Douglas?

Chi sono io?

Cos'è la vita?

Perché siamo qui?

Douglas andava in libreria durante il pranzo.

Secondo la scienza non sono solo umano.

Ho degli strati.

UMANO

CELLULE

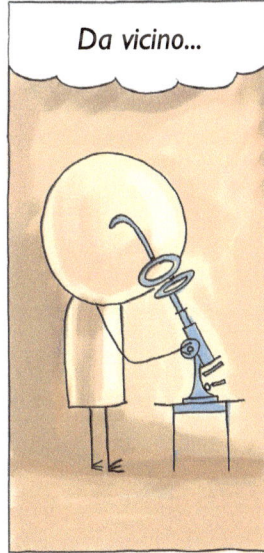

Da vicino...

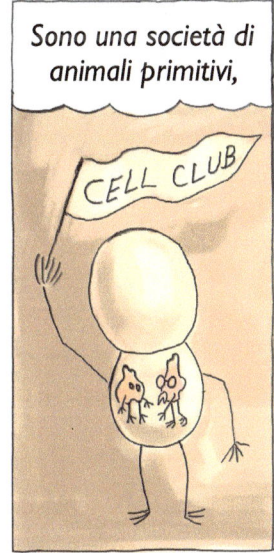

Sono una società di animali primitivi,

CELL CLUB

una città di cellule che camminano.

Che relazione c'è tra me e le mie cellule?

Ogni cellula vive inconsapevole di me. Eppure tutte le mie cellule che lavorano insieme sono me. Sono un re e anche i suoi sudditi!

Contemporaneamente Douglas realizzò che quando veniva visto da lontano era visibile un altro suo strato.

Io scompaio e vengo sostituito da un nuovo tipo di creatura

fatta di mattoni, calcestruzzo, metallo, vetro...

A questo livello io funziono in un nuovo modo.

Il mio corpo è come una cellula in questo corpo più grande, questo superorganismo, la Creatura Terra.

CARBONE

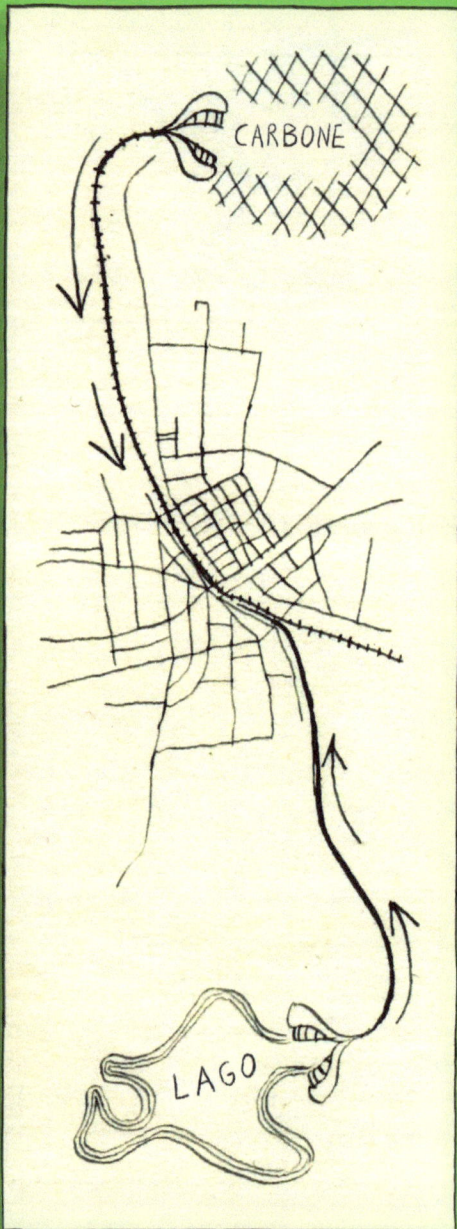

32

Nel 1933 Douglas ritornò nel Suffolk, presso uno studio di architettura a Ipswich.

IPSWICH

Continuava a pensare profondamente alla sua identità.

Douglas scrisse il suo primo libro, *Il Significato E la Bellezza dell'Artificiale*.

GROUP MIND
WILLIAM McDOUGALL

SCIENCE & THE MODERN WORLD
A.N. WHITEHEAD

BEHAVIOUR OF THE LOWER ORGANISMS
H.S. JENNINGS

ON THE ORIGIN OF SPECIES
CHARLES DARWIN

OUTLINES of EVOLUTIONARY BIOLOGY
ARTHUR DENDY

SOCIAL LIFE IN THE INSECT WORLD

ESSAYS OF A BIOLOGIST
JULIAN HUXLEY

EREWHON
SAMUEL BUTLER

PHILOSOPHICAL THEORY OF THE STATE
BOSANQUET

Naturale! Gli utensili estendono il nostro corpo nel resto del Super-organismo.

AMBIENTE CIRCONSTANTE
ARTEATTI
CORPO

Quando sollevo un martello, faccio crescere un pugno duro.

Quando parlo con amici distanti, faccio crescere un'estensione di corde vocali e orecchie.

Ma posso anche 'amputarlo' — metterlo giù — e far screscere un'altro "arto".

Contrariamente alle mosche, non devo prendere con me tutte le mie sei gambe quando mi alzo dalla sedia!

I miei arti 'artificiali' evolvono, anche se differentemente dai miei arti naturali.

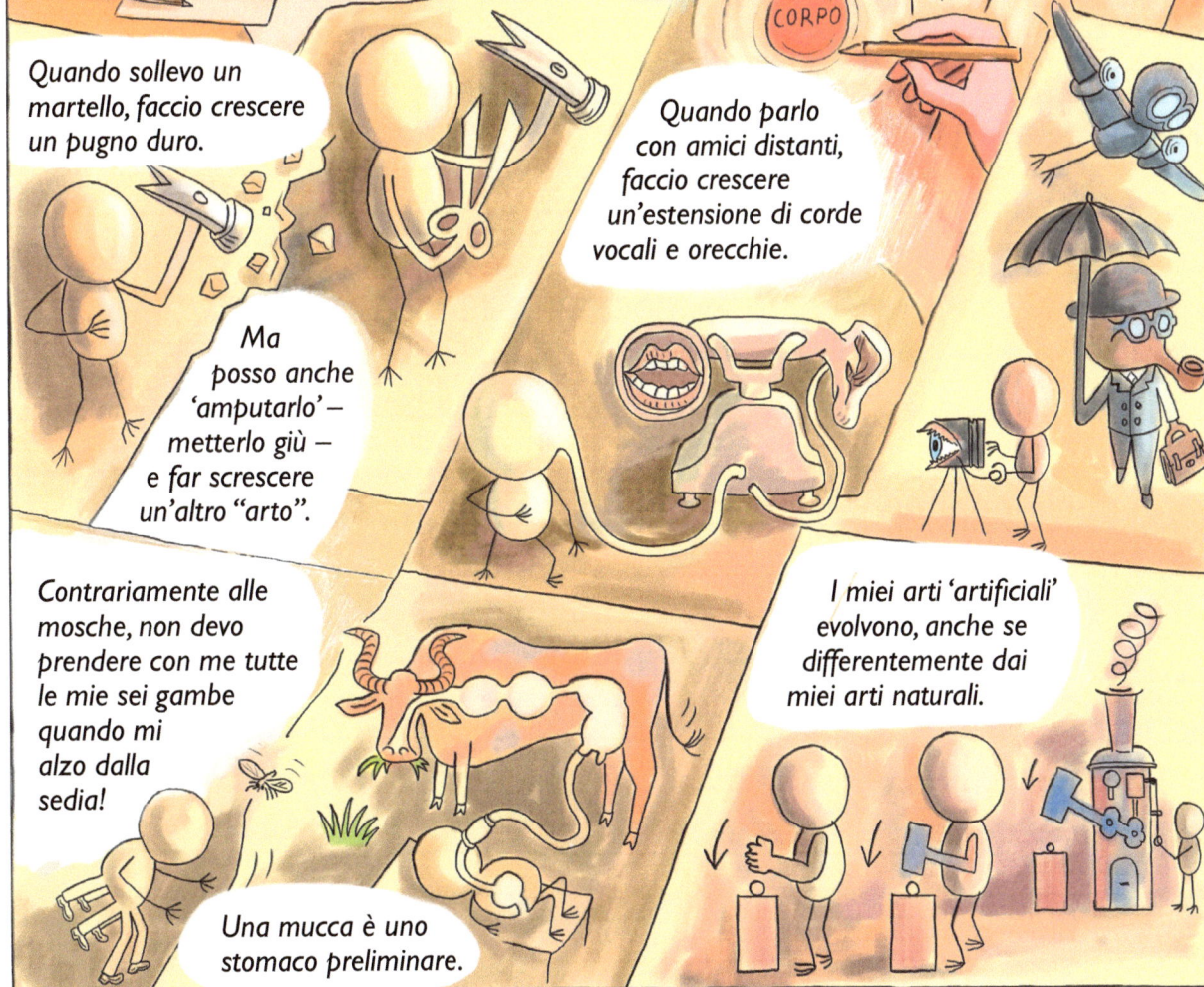

Una mucca è uno stomaco preliminare.

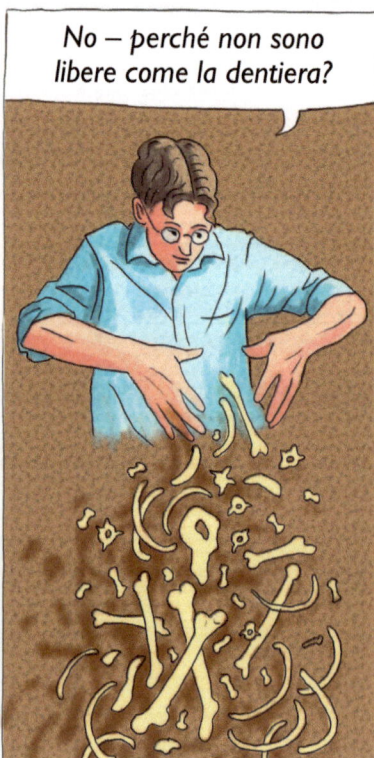

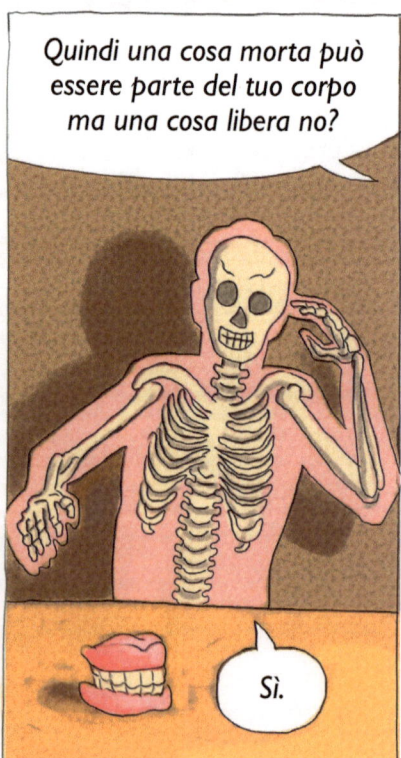

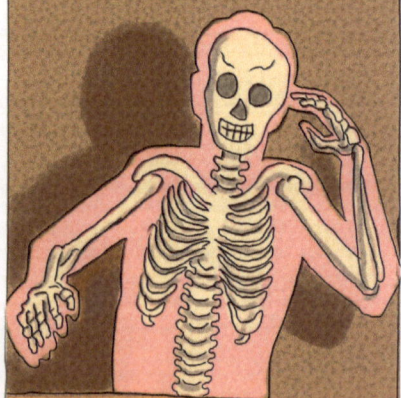

34

E la saliva? Essa è libera e anche morta. Fa parte del tuo corpo?
Suppongo di sì.
Allora la libertà della tua dentiera non la mette fuori gioco!
La mia dentiera non cresce con il resto di me.
Bevi quest'acqua. Presto una parte di essa sarà dentro alcune delle tue cellule. Sarà parte di te allora?
Sì.
Ma non è cresciuta con il resto di te.
Svolge un lavoro utile al mio corpo.
Anche la tua dentiera svolge un compito utile. Dunque fa parte di te!
?!

Douglas stava comprendendo di essere fatto secondo un sistema gerarchico.

Le parti combinate di un levello formano l'insieme del livello successivo.

E io mi unisco a tutte le altre persone e i nostri artefatti formano un essere ancora più grande – la Creatura che io chiamo 'Umanità'.

Tutte le mie cellule unite insieme formano me.

Le mie molecole formano cellule.

I miei atomi formano molecole.

Ogni mio atomo è una società di particelle.

THE MEANING AND BEAUTY OF THE ARTIFICIAL

UMANITA'

PERSONA

CELLULA

MOLECOLA

ATOMO

PARTICELLA

CLUB CELLULARE

CLUB ATOMICO

Benché Douglas fosse consapevole che tramite gli utensili cresciamo, era anche consapevole della loro pericolosità – la Germania stava riarmandosi.

Dobbiamo scoprire le cause alla radice del conflitto in modo da riportare la pace.

GERMANY CONTINUES TO REARM

Douglas aspirava anche ad essere un romanziere. Scrisse delle brevi storie.

Il Naso da Incubo

In Lutto Per mio Nonno

Il Fronte Rosso

Il cattivo odore

I Fratelli Esclusivi di Plymouth

Nel frattempo egli incontrò Chloe. Essi ebbero una breve relazione. Chloe rimase incinta.

Mi sposerai?

Non voglio sposami.

ma non voglio dare scandalo per cui mi trasferisco in Spagna.

Douglas poi incontrò Beryl. Entrambi si interessavano di politica.

THE CP COMMUNIST PARTY OF GREAT BRITAIN

WORKERS INTERNATIONAL LEAGUE

Il Comunismo attacca l'ingiustizia sociale.

Si sposarono nel dicembre 1935.

Nel 1936 andarono in Russia a vedere il Comunismo in azione.

Fu durante le epurazioni staniliste. I dubbi crescenti di Douglas riguardo la panacea sovietica diventarono orrore.

Il terrore e la povertà ovunque sono terribili.

Beryl rimase incinta. Contemporaneamente Douglas trovò un lavoro come architetto a Calcutta.

La paga è migliore.

Con la guerra in arrivo, sarà più sicuro crescere la famiglia là.

Nel 1937 salpò per l'India.

Non appena arrivati, nacque Julian. L'anno successivo, Simon.

Douglas organizzò un grande team di architetti.

Dobbiamo costruirlo in modo diverso o crollerà.

Sì, signore.

Douglas era determinato a lasciare un suo segno nel mondo.

Scattò molte fotografie, e vinse un premio.

Divenne vignettista e fece una mostra.

E scrisse anche un romanzo giallo. Un uomo viene trovato morto. E' senza volto – la sua faccia era stata distrutta da un colpo di pistola.

HOW BRIGGS DIED

D.E. HARDING

Fu una strana anticipazione di ciò che sarebbe successo a Douglas alcuni anni dopo...

Nel 1940, causa la Guerra, Beryl lasciò l'India per rifugiarsi in America con i bambini.

L'anno dopo Douglas si arruolò nell'Esercito. Aveva 32 anni.

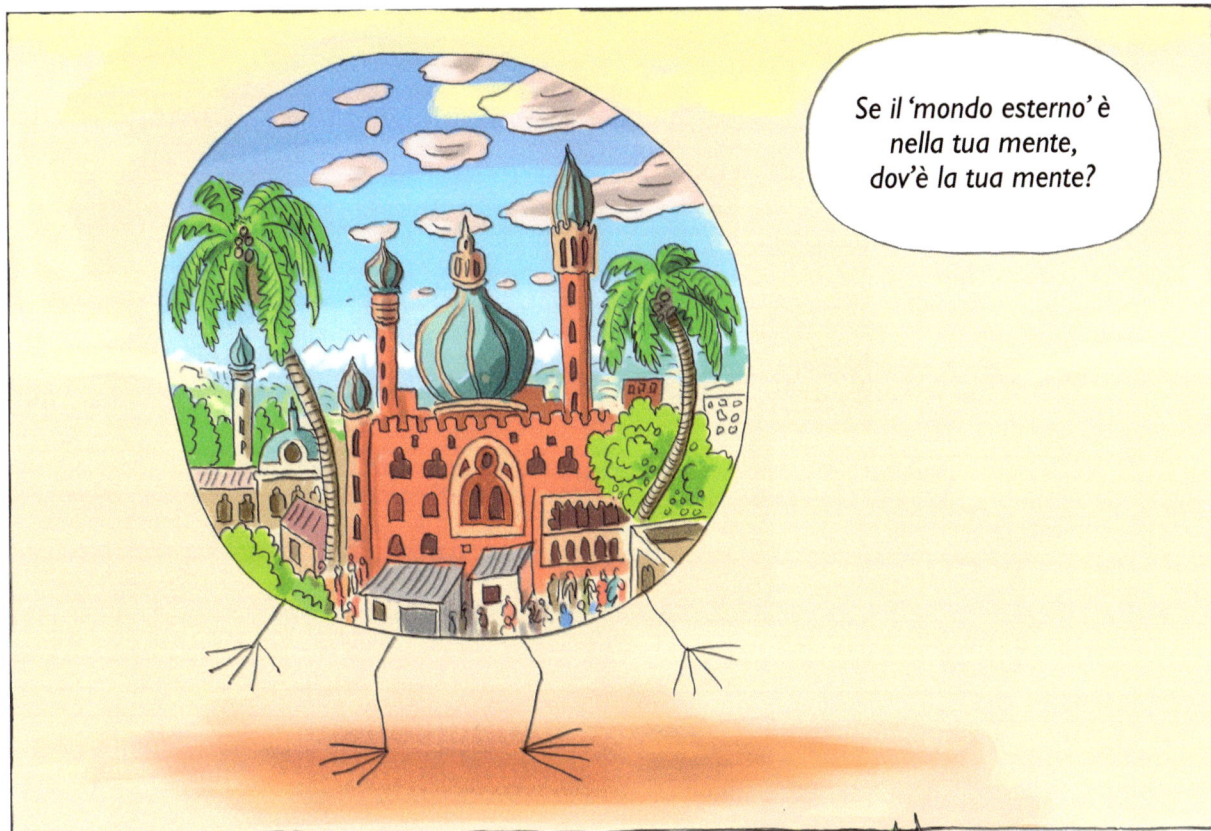

Se il 'mondo esterno' è nella tua mente, dov'è la tua mente?

Questo mondo vivido non è una copia nella mia testa. E' il mondo reale e sta accadendo nella mia 'consapevolezza' – che non ha nessuna oggettiva collocazione.

Profondamente curioso, Douglas non prendeva niente per scontato.

o come qualcosa può emergere dal nulla. E' miracoloso.

Ma la scienza non spiega **come** questo accada,

La scienza **descrive** gli interi che emergono dalle loro parti.

ogni cosa.

la stella

il pianeta

Tu includi il resto della vita

I livelli del tuo essere non si fermano all'Umanità.

Non hai nemmeno un inizio definito nel tempo.

Tu sei il Tutto a più liveli. Ma che cosa sei al centro? Tu sei, benché tu non possa descrivere il sé più profondo. Tu sei un meraviglioso mistero.

I tuoi antenati cellulari hanno antenati molecolari. Hai vissuto nelle rocce e nell'acqua della Terra molto prima che iniziasse la vita.

Con i Giapponesi che avanzavano nel Burma si sentiva sotto pressione.

Voglio sapere chi sono realmente, al centro, prima di morire.

Terminato *Un Ritratto Non Convenzionale Di Te Stesso*, Douglas non si riposò. In effetti la sua ricerca si intensificò.

Come Maggiore nel Genio Militare, Douglas viaggiò in tutta l'India.

Comunque, riuscì a dedicare molte ore al giorno alla sua indagine – leggendo, pensando, disegnando diagrammi, prendendo appunti.

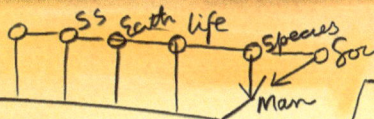

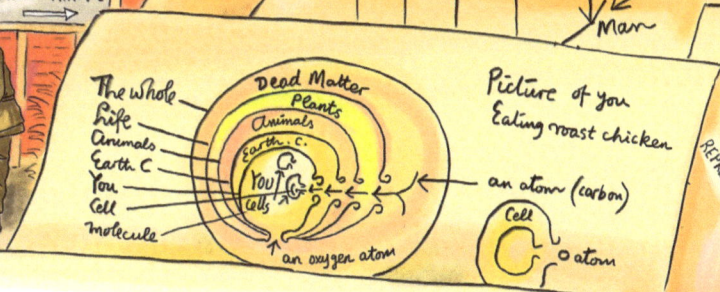

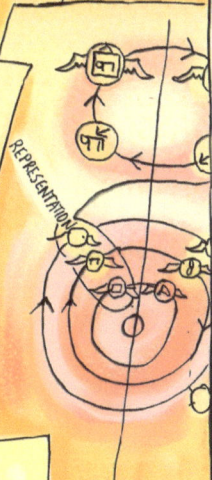

CORPS OF ENGINEERS
MUNITIONS FACTORY
WORKS TRAFFIC

SS Earth life
Species
for
Man

The whole
Life
Animals
Earth. C
You
Cell
molecule

Dead Matter
Plants
Animals
Earth. C.
You
Cells

Picture of you
Eating roast chicken

an atom (carbon)

Cell
o atom

an oxygen atom

REPRESENTATION

Cerca di vederti come fosse la prima volta. Dunque dimentica, oh cerca di dimenticare, tutto ciò che 'sai' di te e guardati con occhi nuovi.

Questa meravigliosa finestra che ti porti in giro.

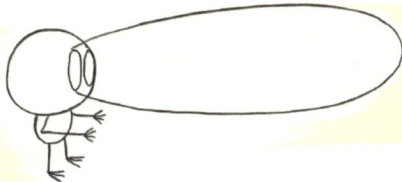

Ma è in questa 'finestra' che vivi. Non vedi che sei diviso tra la visione fuori dalla finestra e l'osservatore dentro. Non c'è nessun vetro. Non ci sono inferriate o persiane. Rifletti su questa miracolosa apertura.

Douglas stava sondando all'interno, alla ricerca del suo centro.

43

Il mio centro sembra nascosto, inaccessibile.

Più un osservatore si avvicina a me, meno trova.

Chi sono io a distanza zero?

Ha senso che al centro io sono 'niente',

ma come posso verificarlo?

Nel 1943 Douglas trovò ciò che stava cercando...

44

Come membro dell'Imperial Library, Douglas ebbe accesso a molti libri.

Scoprì un autoritratto del fisico Ernst Mach.

Che strano. Normalmente quando disegni te stesso usi uno specchio.

Disegni ciò che sei da qualche metro di distanza.

Ma Mach non ha usato uno specchio. Questo è lui da distanza zero.

Mio Dio! Anche io sono senza testa!

Sto guardando che cosa sono al centro. Io sono capienza per il mondo!

Non sono nel mio corpo, il mio corpo è dentro di me.

Io non mi muovo – la strada si muove attraverso la mia immobilità.

Ho le vostre facce invece della mia. Io sono voi.

Nessuna distanza! Persino le stelle sono qui in me.

La mia apparenza è là, non qui.

Il mio centro non è nascosto. Io sto guardando fuori da esso!

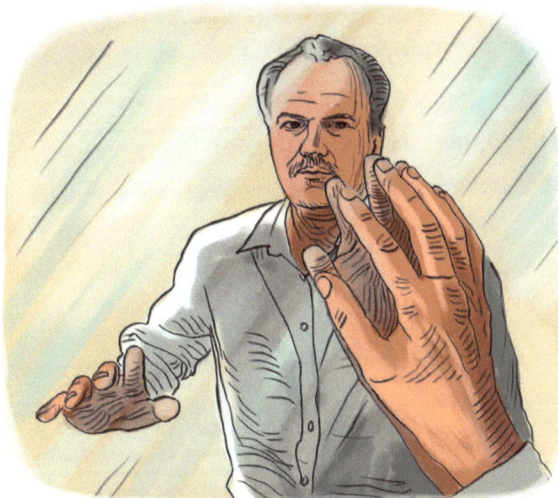

Douglas sentì una profonda pace, una gioia tranquilla, e la sensazione di essersi liberato da un intollerabile fardello.

Douglas era sempre pronto a parlare delle sue idee.
Ma Maggiore, è naturale che Lei ha una testa. Dove è attaccato il Suo naso?
Il mio nasco esce dallo spazio – non è attaccato a niente.
Ma Lei può toccare la Sua testa.
Non posso. Le mie dita scompaiono e percepisco delle sensazioni. Le sensazioni che non creano una testa.
E lo specchio?
Lo specchio mostra dove tieni la tua testa. E' là dietro il vetro, non qui sopra le tue spalle.
Beh, Maggiore, Lei è un tipo strano! Comunque, c'è una guerra, meglio che mi occupi di queste cose.
Le persone accettano senza discutere il punto di vista della società rispetto a ciò che sono. Non credono nell'evidenza dei loro sensi. Non guardano da sole.

Subito dopo aver visto che non aveva la testa Douglas sperimentò una svolta.

Il Saturday Club Calcutta

La mia vita ora deve rispecchiare questa visione.

Per presentare le mie scoperte al mondo, devo istruirmi.

Non conosco sufficentemente filosofia, scienza, religione, psicologia...

Basta con fotografie, vignette, romanzi... Devo iniziare a lavorare seriamente.

Creò uno schedario.

Organizzare tutte queste idee è la chiave.

DARWIN VI 140

Poco prima della fine della Guerra Douglas fu rispedito in Inghilterra.

Si riunì alla sua famiglia.

Dopo un anno lasciò l'Esercito – dopo essere stato promosso Vice Comandante del Genio. La famiglia si stabilì a Ipswich.

PICKFORDS REMOVERS & STORERS BRANCHES IN ALL LARGE TOWNS

Beryl, voglio prendermi un anno sabatico per finire il mio libro prima di tornare all'architettura. Ho risparmiato dei soldi in India, così possiamo farcela.

Certo. Devi toglierti questo peso dallo stomaco.

Beryl trovò lavoro come insegnante.

Anche Douglas insegnò – due lezioni alla settimana di filosofia e religione comparata.

Il resto del tempo lavorava al suo libro.

Papà...

Sono occupato.

Dai, portiamo Plato a fare una passeggiata.

Lasciando il passato alle spalle, i suoi genitori ristabilirono un contatto.

Beryl dice che stai scrivendo un libro.

Sì, continua a crescere!

Scrisse a Chloe riguardo alla loro figlia, Lydia.

'Cosa sono io?' Questa è la mia domanda.

La società dice che sono un uomo.

Tè!

Tutti credono e agiscono come se fossero quello nello specchio.

Douglas!

Arrivo.

Vedere noi stessi separati dagli altri e dall'ambiente circostante è la base dii tutti il nostro pensiero e comportamento.

Quando crediamo di essere imprigionati nei nostri corpi mortali, non c'è da sorprendersi se ci sentiamo persi e tristi, inadeguati e spaventati.

52

Ma la visione della società di me solo come uomo è troppo limitata.

La scienza rivela che il mio aspetto cambia con la distanza. Non sono solo umano.

Ma perfino la visione multistrato di me da parte della scienza in breve cade completamente perché tutte le sue osservazioni sono da una certa distanza.

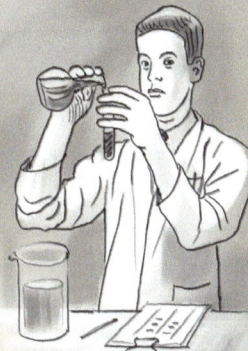

Posso completare la mappa scientifica oggettiva di me.

Possso vedermi a distanza zero. Questa visione soggettiva di me è valida tanto quanto quella oggettiva.

53

Per me stesso non sono un uomo, sono un corpo senza testa con il mondo sulle mie spalle!

Nel cuore di tutte le mie apparenze c'è questa vacuità risvegliata. Essa è autoevidente e ovvia, anche se non la notiamo e la ignoriamo.

Tutti questi strati – come io appaio agli altri – sono apparenze del mio nulla centrale – di 'me'. Io sono niente e tutto, e ogni cosa nel mezzo!

NULLA
LE MIE · PARTICELLE
I MIEI ☉ ATOMI
LE MIE △ MOLECOLE
LE MIE ◎ CELLULE
LA MIA PERSONA 🜂 CORPO
LE MIE SPECIE 🏠 UMANITA'
LA MIA GEOSFERA 🌿 VITA
IL MIO PIANETA ⊘ TERRA
LE MIE STELLE ✴ IL SISTEMA SOLARE
LA MIA GALASSIA ✺ LA VIA LATTEA

Questa è una mappa radicalmente nuova della mia identità.

NULLA
LE MIE PARTICELLE
I MIEI ATOMI
LE MIE MOLECOLE
LE MIE CELLULE
LA MIA PERSONA CORPO
LE MIE SPECIE UMANITA'
LA MIA GEOSFERA VITA
IL MIO PIANETA TERRA
LE MIE STELLE IL SISTEMA SOLARE
LA MIA GALASSIA LA VIA LATTEA

Benché io sia nulla per me al centro,
per quelle persone laggiù
io appaio un uomo.

Dalla Luna
io non sono più
umano. Ho un corpo
planetario.

Ma, nonostante le altre persone vedano una persona qui,

io no. Il mio corpo svanisce in questo vuoto centrale. Io, questa persona, sono assente. Sono vuoto per altri.

E benché da quelle stelle io sia una stella,

io non vedo nessuna stella qui. Essere questa stella significa essere spazio per altre stelle.

Cresco e rimpicciolisco secondo la distanza da cui guardo. Un momento sono questa persona, e anche spazio per altre persone. L'attimo dopo sono questo pianeta o stella, e anche spazio per gli altri pianeti, altre stelle.

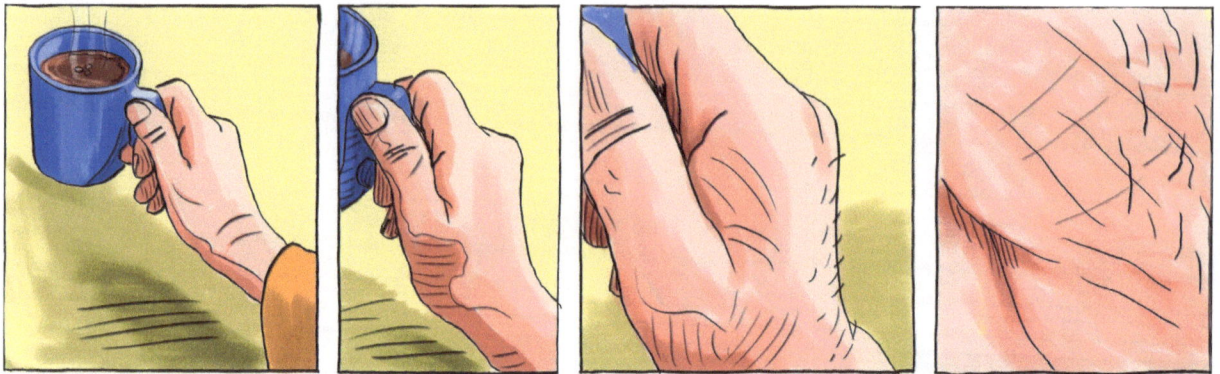

64

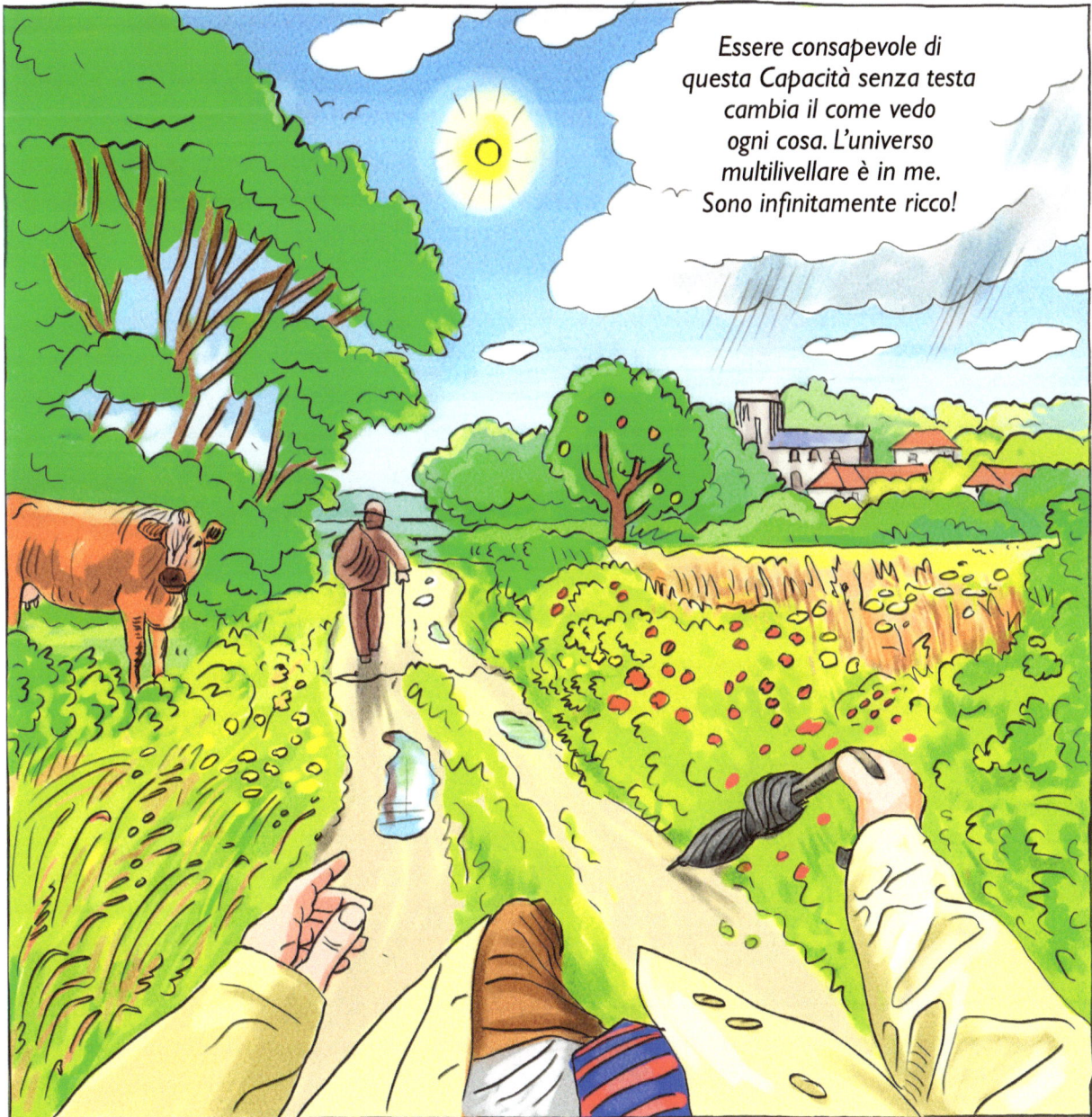

Essere consapevole di questa Capacità senza testa cambia il come vedo ogni cosa. L'universo multilivellare è in me. Sono infinitamente ricco!

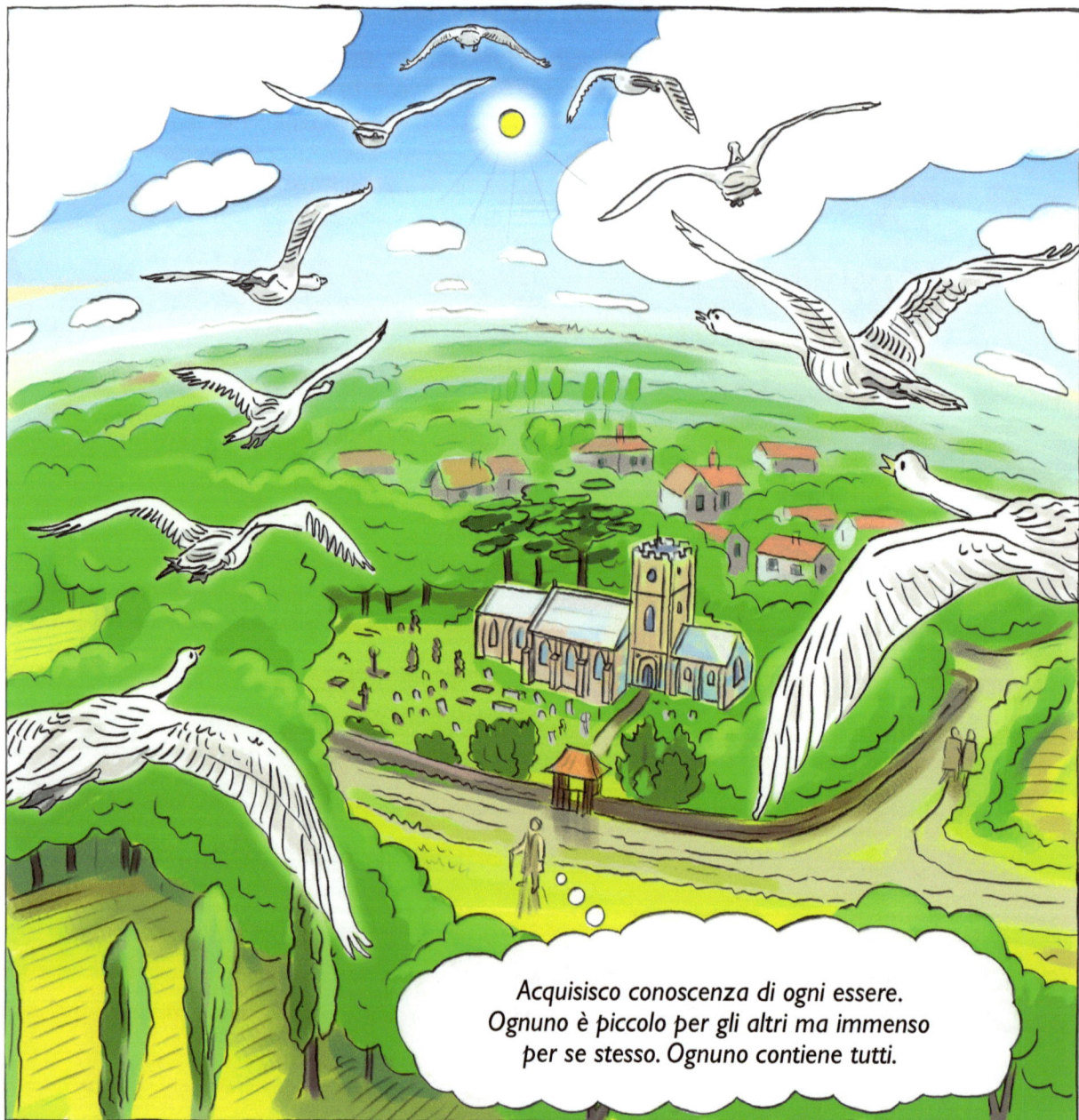

Acquisisco conoscenza di ogni essere.
Ognuno è piccolo per gli altri ma immenso
per se stesso. Ognuno contiene tutti.

Dove sono i miei pensieri?

I pensieri non sono imprigionati in un contenitore centrale qui ma si mescolano al mondo.

Non vedendo confini di me mi trovo identificato con gli altri.

Posizionandomi nei loro centri, io divento gli altri, sento per e come loro.

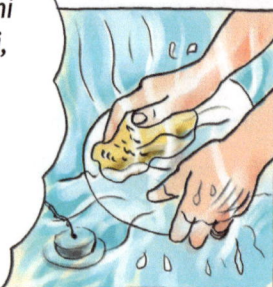

70

Posso anche percepire le cose inanimate.

Nella corda tesa sento la trazione.

Mi libro nelle nuvole,

splendo come il sole,

guardo giù dalle stelle.

Essendo niente al centro segnifica che posso posizionarmi in altri centri.

La capacità di spostare il centro è la base dell'amore.

Questo fu un periodo di prodondo studio e riflessione, una maturazione della sua visione.

Questo umile Centro è la sede del Tutto. Eccezionale!

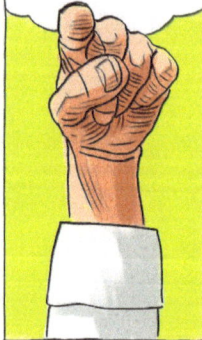

Io divento qualsiasi cosa io guardi.

Quando alzo questo sasso, io sono là.

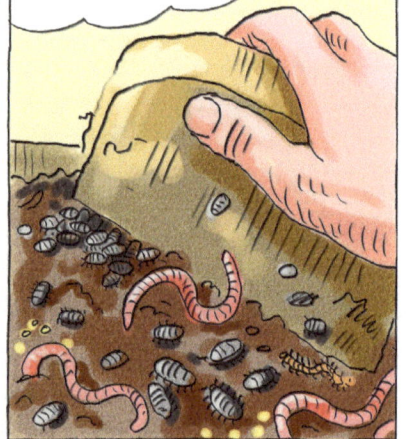

La mia vita è la vita che gli altri vivono in me.

ALTRO SÉ

Ad ogni livello, io sono nell'altro, l'altro è in me. Tutto il mio disprezzo è autodisprezzo.

È con l'amore che il mistico scala la gerarchia, raggiungendo lo stadio successivo solo de e attraverso i suoi compagni.

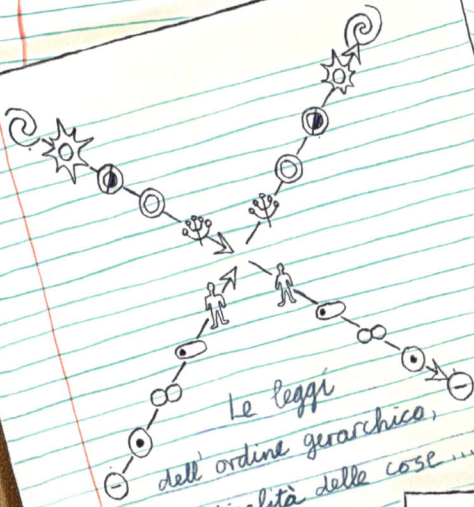

Le leggi dell'ordine gerarchico, la verticalità delle cose ....

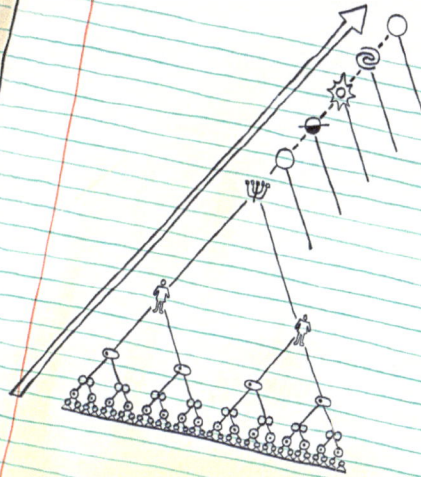

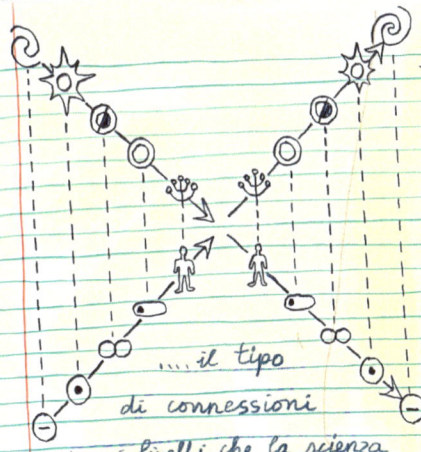

I diagrammi costituirono una parte vitale nel processo di pensiero di Douglas.

....il tipo di connessioni tra i livelli che la scienza dipartimentale ora trova ad ogni livello - questo è il lavoro della scienza unitaria del futuro, di cui The Hierarchy ne è un prospetto.

Nell'estate del 1948 Douglas finì la prima stesura di *L'Ordinamento del Cielo e della Terra*.

Nella primavera del 1949 Douglas aveva dattilografato la prima metà. La spedì a un amico, Cyprian Blagden, presso l'editore Longman.

21 Luglio 1949

Ha risposto Cyprian...

Caro Douglas,

The Hierarchy è molto imponente, ma purtroppo non pubblicabile. Faresti meglio a fermarti e ritornare all'architettura.

Sembri pallido, Douglas.

Cyprian pensa che io stia perdendo tempo. Esco a fare una passeggiata.

E' un grosso colpo.

Devo far fronte al fatto che il lavoro della mia vita possa non vedere mai la luce del giorno.

Ma non mi importa se nessuno lo leggerà! Finirò il lavoro, accada ciò che vuole.

CAPITOLO XVI
TEMPO MOVIMENTO E STRUTTURA

Solo occasionalmente Douglas prendeva una pausa dal suo libro.

Julian, andiamo a trovare il Nonno e la Nonna a Lowestoft.

Voglio andarci con una bicicletta nuova.

Ho bisogno di una bicicletta. La meno cara che avete.

Questa è di seconda mano, ma è un catorcio!

Perfetto!

Dov'è tuo padre?

Ciao nonno. Papà è un po' lento...

Sono esausto e seccato. E' stata una cattiva idea venire in bicicletta. Andremo a casa in treno.

Ritornati a casa.

Beryl, ho ancora del lavoro da fare sul mio libro.

Prenditi tutto il tempo necessario, Douglas.

Cos'è successo?

Julian mi ha lasciato indietro.

Scrivere *L'Ordinamento* fu per Douglas una straordinaria avventura.

Da dove vengono le mie idee?

Il Centro mi guida verso un libro.

Un'idea o un'immagine appaiono da questa sconosciuta Profondità dentro di me.

Spesso, sulle prime, non capisco un diagramma.

PASSATO

Futuro

ADESSO

Ma man mano che ci lavoro — mentre lui lavora con me — si svela il suo significato. Esso mi insegna.

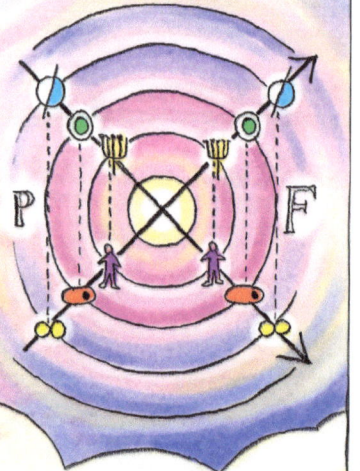

P   F

L'universo vivente rivela la sua straordinaria struttura in me.

P   f

Tutto ciò che ho scoperto è solo una frazione della verità. Il mistero si estende in ogni direzione all'infinito.

Accanto agli innumerevoli miracoli che comprendiamo, c'è la suprema anomalia — il fatto che ogni cosa non esiste affatto.

La mia migliore e più eccitante scoperta è che, siccome le mie radici stanno nell'Introvabile, anche io sono introvabile.

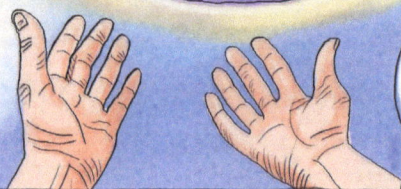

Benché scrivere *L'Ordinamento* fu una profonda esperienza mistica per Douglas, le sue scoperte richiesero tempo per influenzare la sua personalità.

Sono stato invitato a tenere una lezione alla settimana di Logica alla WEA a Colchester.

Questa è una bella notizia.

WORKERS' EDUCATIONAL ASSOCIATION

Benvenuto, Sig. Harding.

Abbiamo sentito parlare bene di Lei.

Oh no! Sto iniziando a sentirmi impacciato. Riesco con difficoltà a guardare ognuno di loro.

Provo un profondo imbarazzo per la mia faccia.

Sto tremando tutto. Sono una massa di nervi.

Grazie, Sig. Harding. Alla prossima settimana.

E' stato difficile. Mi sono sentito di nuovo tremendamente imbarazzato, sotto inchiesta, in trappola e terrorizzato. Non riuscivo a guardare nessuno negli occhi.

77

Nel Settembre 1950, finito il dattiloscritto, Douglas iniziò immediatamente una versione ridotta da presentare agli editori.

THE HIERARCHY OF HEAVEN AND EARTH
A New Diagram of Man in the Universe
(Synopsis)
PART I
PTER I THE VIEW OUT AND THE VIEW IN
n) The missing head. This
yself and in my own
o answer

WED 20 FINISHED!
Completed correctio
d binding
THU 21

Consapevole dell'importanza del suo lavoro, registrò i suoi progressi nel suo diario.

SEPTEMBER
Began synopsis FRI 22
SI

NOVEMBER
MON 13
S Posted to Goddard
Posted MS to CS Lewis SAT 18
Saurat
SUN 19
TUE 14
WED 15
Moon First Quarter
THU 16 S. finished

Douglas si infervorò per le sinapsi. Ci vollero solo due mesi per completarle.

Spedì il dattiloscritto a scrittori ed editori e rimase in attesa.

✓ Laurie
✓ Heard
✓ Inge
✓ Lewis
✓ Price
✓ Jacks
✓ Saurat
✓ Publishers
✓ Woodger

Nel frattempo Beryl fece il giuramento come magistrato.

Douglas iniziò a cercare un lavoro.

Air Ministry
Ministry of Works
The Gas Board
Architects

Buone notizie, Beryl. Il mio vecchio amico Eric Sandon vuole che diventi suo socio nel suo studio di architettura!

Douglas terminò un secondo romanzo che aveva iniziato in India.

The Melwold Mystery

MARCH
MON 26
TUE 27
WED 28 CSL letter!

Poi ricevette una lettera da C. S. Lewis...

Magdalen dte
Día de Pascua 1952

Déjalo todo; tu libro me ha embriagado completamente

la obra que has escrito es propia

Almeno qualcuno mi capisce!

Lewis invitò Douglas ad Oxford.

4 Giugno

Mi mandi un biglietto a stretto giro e io prenoterò una stanza.

Suo,

C. S Lewis

Il Suo libro è una visione completamente nuova del nostro posto nell'universo – nell'universo **vivente**! E' rivoluzionario.

La madre di Douglas morì mentre lui faceva visita a Lewis. Era malata.

Alcuni mesi dopo.

Lewis ha scritto una prefazione. Mi ha offerto il suo aiuto. Gli sarò per sempre grato.

Pubblicato da Faber & Faber nel 1952.

The
HIERARCHY
of
HEAVEN &
EARTH

With an Introduction by
C. S. LEWIS

D. E. HARDING

Un libro di immensa originalità.

E. Fuller, Episcopal Church News.

Lavoro di dieci anni finito!

Douglas sviluppò in breve uno studio di architettura di successo con Eric Sandon.

SANDON & HARDING ARCHITECTS

Egli progettò e costruì una casa. 'Shollond Hill' era nel villaggio di Nacton vicino a Ipswich.

1956

E' molto moderna, Papà.

Nel frattempo Douglas andava avanti con il lavoro della sua vita. Scrisse una commedia, una presentazione di alcune delle idee di *L'Ordinamento del Cielo e della Terra*.

DEI VISIBILI

Dei Visibili è una conversazione immaginaria tra Socrate e diversi pensatori moderni.

Sarete d'accordo che l'universo è un tutto vivente multilivello; che le stelle sono 'dei visibili'.

Avete distorto le nostre parole, Socrate.

Ho solo sviluppato le vostre argomentazioni traendo le debite conclusioni!

L'universo non è vivente! Solo piccole parti di esso sono vive.

Ora che siamo soli, Vescovo, cosa ne pensa realmente?

Caro sig. Socrate, Lei ci mostra l'universo vivente con la nostra stessa scienza ma noi ci rifiutiamo di accettarlo.

'Sappiamo' che l'universo è morto e chiunque dica il contrario è da noi considerato un poeta o pazzo.

In anticipo sui tempi, la visione di Douglas del mondo fu generalmente ignorata.

Settembre 1957

Ha telefonato mia sorella. Papà è morto.

Edgar fu un buon Fratello di Plymouth che accettò con grazia l'immoralità di suo figlio.

Siete tutti benvenuti per un tè nella sala conferenze – tranne il sig, Harding.

Non possono mettermi al rogo, così fanno l'altra peggior cosa si possa fare in Inghilterra. Negarmi il tè!

Douglas incontrò sua sorella Freda per sistemare il testamento del padre – nella piazzola dell'A12.

Mi rifiuto di incontrarti dentro, sotto lo stesso tetto, perché hai tradito il credo di nostro padre.

Più tardi, a casa.

Ti manca tuo padre?

Sì, Beryl. L'ho amato tantissimo. La sua completa dedizione alla verità come lui la vedeva mi ispira. Quanto l'ho ferito lasciando i Brethren.

81

Panel 1: Mi guadagno da vivere, mi sono preso cura della mia famiglia, non altre ambizioni mondane.

Panel 2: Ma ho quasi 50 anni. Devo andare avanti. Qual è il prossimo passo riguardo al lavoro della mia vita?

Panel 3: Fu come se l'universo avesse risposto alla richiesta di Douglas.

Panel 4: Il Saturday Evening Post richiese un articolo.

La mia possibilità di raggiungere un pubblico vasto.

L'universo Rivalutato. ogni età ha la sua immagine del mondo.

Panel 5: Il famoso fotografo Tom Blau fotografò Douglas per il Post.

The Saturday Evening POST 4 de marzo de 1961 15c

Panel 6: L'articolo di Douglas attirò attenzione.

ACADEMY OF ACHIEVEMENT

Monterey, California 26 Giugno 1961

Egregio Sig. Harding, L'Accademia La invita al convivio come ospite d'onore.

Ma, benché stesse iniziando ad essere notato, Douglas rimase lo stesso uomo.

Panel 7: Edward Teller, 'padre della bomba all'idrogeno'.

I Russi ci stanno tecnicamente superando. Dobbiamo bombardarli ora prima che sia troppo tardi.

E' scandaloso!

Sì, Roethkle, mi rifiuto di alzarmi e applaudire!

Panel 8: Comunista!

Grazie! Vogliamo stringerLe la mano.

82

Douglas scoprì lo Zen.

Hui-neng vide ciò che vedo io – questo spazio senza volto.

Mostrami la verità, Hui-neng.

Guarda la tua Faccia Originale, Ming – la Faccia che avevi prima di nascere.

Lo Zen parla la mia lingua. Infine sono in compagnia di Vedenti enza testa.

Non Avere La Testa, un contributo allo zen in occidente.

Se fisso il momento della mia rivelazione di essere senza testa durante la mia escursione sull'Himalaya, attirerò l'attenzione del lettore...

Forse i Buddisti apprezzeranno l'essere senza testa.

Voglio iscrivermi ai Corsi Estivi della Scuola Buddista.

Douglas divenne un volto familiare dei Corsi Estivi.

Il libro di Harding mostra nuove idee all'interno dello Zen.

BUDDHIST SOCIETY

58

Sì, si appella all'esperienza diretta.

Non Avere La Testa divenne un moderno classico sulla spiritualità.

83

Douglas lesse anche i *Discorsi di Ramana Maharshi*.

Ramana ha ragione, il Sé è ovvio. Tutti possono vedere questo Spazio.

Sento la sua presenza che mi aiuta a stare costantemente nel Sé. Più nessuna esitazione.

Douglas, Helen è la nostra nuova segretaria.

Douglas, posso leggere il Suo libro?

Naturalmente, Helen.

1964

Alcuni giorni dopo.

Penso di aver visto quello di cui parla. Sono Spazio per il mondo.

Sì, lo vedi.

Il vedere ebbe un drastico effetto su Helen.

Improvvisamente batte chiunque!

Se mi tolgo di mezzo, gioco meglio!

Ora comprendo i mistici!

Sì, stai vedendo quello che vedevano loro – il Sé, la Luce Chiara, la Terra dell'Essere.

RAMANA
ECKHART
RUYSBROEK
CHEN-CHI
RUMI

Alla fine, dopo 20 anni, ho chiaramente condiviso il Vedere. Ora posso morire.

Douglas cominciò a condividere il Vedere con più persone, ma la sua famiglia non era interessata.

Due persone hanno visto la loro Non-faccia alla mia conferenza!

Hanno visto qualcosa, Papà, ma non sono illuminati.

Nemmeno tu, Douglas.

Douglas incontrò sua figlia Lydia per la prima volta.

Non è interessato a me, solo al Vedere.

Douglas costruì una seconda casa dall'altra parte del viottolo.

Under Shollond sarà un posto per gli amici Vedenti.

Nel Dicembre 1965 Douglas ritornò in India.

Ramana Ashram

Una delle ragioni del viaggio fu allontanarsi da Helen.

Sei veramente speciale, Douglas.

Sono affezionato a te Helen, ma noi siamo solo amici. Devi separare me dal Vedere.

Douglas incontrò la santa Anandamayi Ma.

Ma mi ha chiesto di darLe la sua sciarpa e dirLe, 'Io sono te, io sono te.'

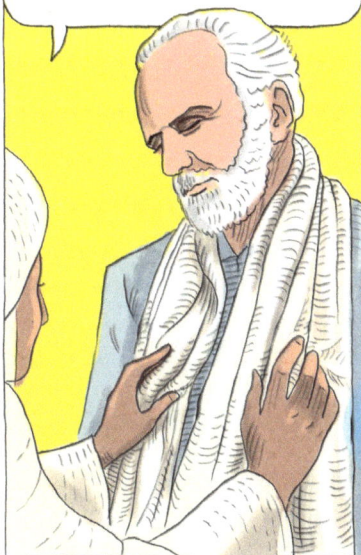

Febbraio 1966

Bentornato in ufficio, Douglas. Ho alcune novità. Mi sono fidanzato con Helen!

Congratulazioni, Eric.

Ora Helen teneva le distanze da Douglas.

Vedo Dio più chiaramente di quanto io veda voi.

Posso solo intravedere le facce, ma vedo la mia Non-faccia perfettamente. Solo nel mio centro c'è ciò che è veramente visibile e reale – l'Uno, il Solo.

Vedere la verità attraverso gli occhi di grandi saggi è profondamente motivante.

Douglas insegnava religione comparata una volta per settimana.

Lei è entusiasta di ogni religione!

Ognuna celebra la Realtà in modo unico.

BUDDI

Il Buddha diede un consiglio importante al monaco Ananda.

BUDDISMO VUOTO

Sii autorità per te stesso. Non dipendere da altri.

Guardare voi stessi chi siete è più importante che fare affidamento su qualsiasi testo o maestro!

Lei è Douglas Harding?

Sì. Mi sto documentando sullo Zen per il mio libro sulle religioni del mondo.

Lo Zen punta all'illuminazione usando 'koan' – indovinelli come "Parla senza usare la lingua." Sembra senza senso.

Guardi! Noti che non può vedere la Sua lingua. Le Sue parole escono dal Vuoto, dal Silenzio.

Non devo purificarmi prima di poter vedere la mia natura di Buddha?

No! Come dice il Maestro Zen Ummon, Prima illuminatevi, occupatevi dopo del vorstro cattivo karma!

Ma ho molti difetti.

Li abbiamo tutti ma sono periferici, non centrali. Non oscurano il Suo Vero Sé.

Sembra troppo facile!

Vedere la tua buddità è facile. Vivere da essa è la sfida.

Sicuramente devo coltivare qualità speciali.

Bagna la Radice e il fiore si prenderà cura di sè.

Devo pensarci.

Non pensare, guarda!

GIUDAISMO & MISTICISMO

Tu sei l'anima della mia anima.
Solomon ibn Gabirol

Il Giudaismo mette Dio 'là fuori', a ordinare al Suo popolo di vivere nella giustizia, ma lo trova anche 'qui dentro'.

Pronto, sono Harding. Posso parlare col mio editore?

Non c'è? Sono diverse volte che chiamo.

Lei mi suggerisce di richiamare domani...

Frustrante!

Gli altri esercitano maggiore autorità su di te se possiedi un volere distinto da quello di Dio.

Rabbino Nachman

Quando le cose non vanno come vorrei io mi sento impotente, alla mercè di altri. La vita è ingiusta.

Ma non parlare col mio editore deve essere ciò che Dio ritiene equo e giusto per me. Non è quello che io voglio ma quello che **l'Uno** vuole.

Sì io sono l'Uno qui, perciò tutto fluisce da me ed è il mio volere. Ciò che accade è perciò **ciò che realmente voglio**. Non c'è nessuno al di fuori del mio Sé ad opporsi al mio volere.

Il telefono! Forse è il mio editore. Può essere che Dio abbia cambiato idea!

Sì? Il mio nome è Martyn. Ha appena scoperto di essere senza testa.

Sarò a Londra la prossima settimana. Incontriamoci.

Ero solito venire nella Cattedrale di Westminister quando ero ragazzo.

Quando Gesù disse, "Io e il Padre mio siamo uno" stava vedendo che era Dio, come lo vediamo noi ora.

Ma quando Lei dice che Lei è Dio, non vuol dire che Douglas è Dio, vero?

No. E sono sicuro che Gesù non voleva dire che lui, l'uomo, era Dio.

Gesù si stava riferendo alla sua Realtà interiore, non alla sua apparenza esterna. Ho una visione poco ortodossa di Gesù.

Anche Gesù parlava dell'amore: "Ama il prossimo tuo come te stesso."

93

Perché vedeva che il prossimo suo era lui stesso.

Quando vedo io qui sono vuoto.

Io muoio e rinasco come te.

Svanendo in tuo favore, io divento te. Questo è dare la tua vita per un amico.

Lei prova un profondo amore per la Cristianità.

Questo è grazie a mio padre. Il suo amore per Gesù mi ha ispirato quando ero bambino. Vedere chi sono mi ha riconnesso con qualcosa di molto profondo dentro di me.

Grazie per avermi mostrato la Verità.

Vieni a trovarmi. Incontrerai altri che stanno dando valore a questa Via.

Rumi era un Sufi, un mistico Islamico. Era un grande poeta

e un derviscio danzante.

Dio è più vicino all'uomo della sua stessa vena giugulare.
Il Corano

Intorno al mio centro immobile girano la terra e il cielo.

Io non esisto. Ho rinunciato a me. Egli è tutto. Non c'è altro essere che Dio.

Il Maestro si è arreso all'Amato...

Come Rumi, io sono fermo.
Il mondo danza in me.

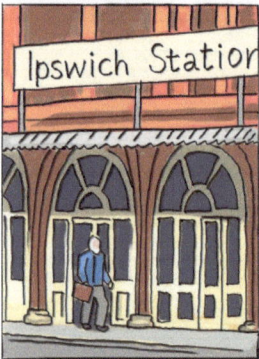

Dire 'sì' a questa Apertura è arrendersi alla Realtà.

Vedere che sono vuoto di me stesso è vedere che sono sostitutito da Dio.

Io non esisto se non in Dio, Dio solo è consapevole. Esiste solo Dio.

Religioni Del Mondo fu pubblicato nel 1966 e utilizzato nelle scuole.

A Liberal Studies Book

RELIGIONS OF THE WORLD

D.E.Harding

Heineman

Ho letto il Suo nuovo libro. Alla fine Lei riconcilia religione e scienza.

Ciò che la scienza dice di me – corpo e mente, a tutti i livelli – è una rivelazione religiosa.

Essendo qui nel tuo centro fisico, sei anche nel cuore vivente di ogni religione.

Ogni religione sottolinea un aspetto importante della Realtà – la **tua** realtà.

INDUISMO   - Unità
BUDDISMO   - Consapevolezza
GIUDAISMO   - Giustizia
CRISTIANESIMO   - Amore incondizionato
ISLAM   - Arrendersi

Le grandi religioni del mondo sono un tutto vivente. Esse sono rami di un unico albero.

Sono voci diverse ma complementari, parlate dall'Uno che sta al di là di tutte le parole, di tutte le immagini, benché sia più vicino a voi del vostro respiro.

Lei sembra parlare per esperienza, non solo in base a idee. Come possiamo sperimentare l'Uno?

Noti che Lei non può vedere la Sua faccia. Lei guarda fuori da ciò che lo Zen chiama il nostro 'Volto Originale'. Quello spazio informe è ciò che Lei è realmente.

Che semplice! E vero!

1° Maggio 1966

In pensione a 57 anni, Douglas! Si goda la sua libertà!

Ora posso dedicare ancora più tempo al lavoro della mia vita.

Douglas e Beryl stavano sempre più vivendo vite separate.

Ho ospiti questo fine settimana.

Non voglio incontrarli, Douglas, non mi interessa il Vedere.

Nacque una comune sul Vedere mentre Douglas sperimentava nuovi metodi di condivisione.

Non vedo chi sono.

Questo scialle indiano potrebbe aiutarti.

Che cosa ci vedi dentro?

Niente. Tranne il mondo!

Lo hai capito!

Douglas, di cosa parla questo libro?

Sì tratta di qualcosa sul quale devo lavorare, ma non hai bisogno di leggerlo. Guarda semplicemnte là.

Oggi non accetto che le persone non possano vedere. Naturalmente, dargli valore è un'altra cosa.

Douglas parlò a un club locale di giovani mogli.

Capisco cosa intende dire, Douglas.

Lo vedo, Anne. Vieni a farci visita all'Under Shollond.

99

Douglas esplorò le implicazioni picologiche del Vedere.

Le idee di Berne ispirarono Douglas.

Games People Play
The Psychology of Human Relationships
by Eric Berne, M.D.

Alla base di tutti i giochi psicologici c'è un gioco di ruoli – fingere di vivere dietro una faccia.

Immaginando una faccia qui, sto recitando una commedia. Sto giocando al Gioco della Faccia.

Questo ci fa sentire separati dagli altri, isolati e soli.

E' il gioco dove io sono dietro la mia faccia qui e tu sei detro la tua là.

Vedere che sono senza faccia è smetterla con quella commedia, con quella finzione.

Riscopro il mio reale 'me' che contiene te!

Douglas spedì l'articolo a Berne a San Francisco.

Non giocare il Gioco della Faccia conduce alla vera intimità!

"L'illuminazione è cessare di giocare il gioco di essere una persona". Lo pubblicheremo.

Aprile 1967

IL GIOCO DELLA FACCIA
ANALISI TRANSAZIONALE
APPLICATA ALLO ZEN
D. E. Harding

La Scuola Estiva della Società Buddista

Douglas stava creandosi più amici e tenendo più discorsi.

Che differenza rispetto a tutti quegli anni passati da solo.

Nottingham

Doncaster

Bristol

A York Douglas incontrò Mike Heron dell'Incredibile String Band.

Benvenuto!

Tu hai ragione!

In questo scantinato c'è un uomo senza testa!

Perché intitolare la canzone Douglas 'Traherne' Harding?

Ho usato alcune parole di Traherne nel testo.

THOMAS TRAHERNE
1637-1674

CENTURIES

A Mike,
con amore,
Papa

Douglas, facciamo uno spettacolo alla Albert Hall. Vieni ti prego.

Mi piacerebbe.

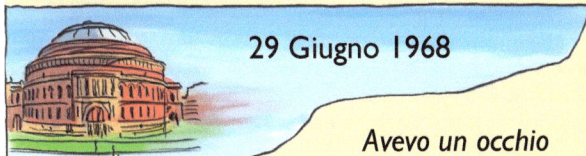

29 Giugno 1968

E la luce che ero, era la luce che vedevo vicina.

Avevo un occhio solo e il mio corpo era pieno di luce.

Quando sono nato non avevo la testa.

Caro Douglas,

Ovunque nel back stage dei concerti continuo a incontrare esseri luminosi che ti hanno visto parlare o essere, o ti hanno incontrato nelle pagine del tuo adorable libro. Ciò mi ricorda che caloroso affetto provo per te.
Tuo con amore.
Mike Heron

Siete faccia a faccia o spazio a faccia con gli altri?

Ottobre 1968.
Una locale scuola femminile.

Vi ho sentito parlare nella mia scuola. Sono tremendamente in imbarazzo. Vorrei suicidarmi. Mi aiuti.

Iincontriamoci nel parcheggio della scuola.

Odio la mia faccia. Voglio farmi una plastica.

Anche io come te mi sono sentito spesso in imbarazzo.

Questo non accade assolutamente più perché ora vedo **dov'è** la mia faccia. Essa è là fuori negli altri e nello specchio, non qui.

Sei stata creata aperta.

La tua faccia non è un tuo problema — essa appartiene agli altri.

Un anno dopo.

Caro Douglas,

Tutto ciò che Lei mi aveva detto mi ha colpita profondamente e in modo duraturo modificando il mio atteggiamento sia verso me stessa che verso le altre persone radicalmente e immediatamente.

102

Douglas stava diventando più conosciuto nel mondo Buddista.

Benvenuto ad Under Shollond, Alan.

Ecco una copia del mio libro, Douglas.

THE WAY OF ZEN
ALAN W. WATTS

Voglio capire l'essere senza testa.

La questione non è capire ma vedere.

La mattina dopo.

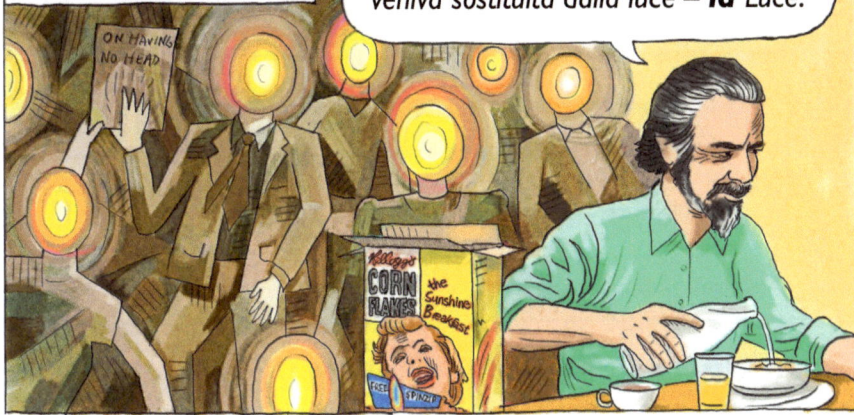

ON HAVING NO HEAD

Kellogg's CORN FLAKES the Sunshine Breakfast FREE SPINZY

Ho fatto un sogno. La testa di ognuno veniva sostituita dalla luce – **la** Luce.

No, Alan. Gli altri mantengono le loro teste. Solo tu, la l a Persona, sei senza testa.

Devo incontrare Eric Berne a San Francisco.

Vieni a tenere una conferenza nella mia casa galleggiante a Susalito.

Come dice il Sutra del Cuore, "Qui la forma è vuoto e il vuoto è forma."

Giugno 1969

Benvenuto nella mia casa, Douglas.

VALLEJO

Non c'è nessuna linea di divisione, io sono te.

103

Il Maestro Zen americano Kapleau venne a trovarmi.

THE THREE PILLARS OF ZEN
TEACHING / PRACTICE / ENLIGHTENMENT
compiled & edited by
PHILIP KAPLEAU
foreword by HUSTON SMITH

Under Shollond è il centro spirituale dell'Inghilterra!

1970. Kapleau invitò Douglas nel suo Centro Zen in America.

Un caloroso benvenuto a Douglas. Egli vede il suo Volto Originale.

Quando Douglas tornò due anni dopo, le cose erano cambiate.

Non Vedrete se sedete a occhi chiusi, rifiutandovi di fare gli esperimenti!

Avete sentito Douglas. Ora uno di voi verrà qui e testerà la sua Illuminazione!

Come aiuta l'essere senza testa quando vi tiro il naso?

Che stupidaggine!

Lei mi impedisce di condividere. Mi sento preso in giro.

Sì.

Ce l'ha con me, Douglas.

Avete superato il test.

Non sono qui per essere testato. Non sono qui per giocare a questi stupidi giochi.

La semplicità e l'accessibilità del Vedere è una minaccia per la sua gerarchia e per la sua massima posizione.

1971. Douglas visitò il Nord America con un giovane amico.

Colin, abbiamo un seminario nel fine settimana a Toronto. Invece di **parlare** solamente alle persone, **dobbiamo fare** delle cose con loro.

Benvenuto al Claremont Experiment.

Le persone devono portare qualcosa per il seminario?

Parco giochi per adulti

Uno scialle, o un asciugamano.

Colin vi inizierà all'"Asciugamanesimo"!

Mettete l'asciugamano così.

Esso incornicia la vostra faccia o il mondo?

E' come una galleria!

Douglas ebbe un'idea durante la notte.

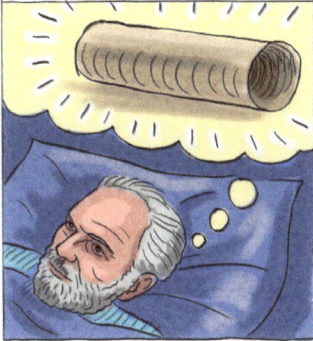

Taglierò l'estremità di un sacchetto delle immondizie.

Colin, svegliati.

Questo mette in evidenza che siamo faccia-a-Non-faccia.

Non puoi non accorgertene! Io sono te.

Ora Douglas passò dal solo parlare all'introduzione degli esperimenti.

Di nuovo in Inghilterra.

Carole ed io troviamo che scambiarci le facce sia base dell'amore.

Sì, ora io scompaio a favore di Anne.

105

Vedendo quanto efficaci erano degli esperimenti, Douglas sviluppò rapidamente lo stile di presentazione.

Il punto è **speri-mentare** il nostro Vero Sé, non solo pensarci.

Se indicate fuori – vedete cose.

Indicate dentro – nessuna cosa!

Indicate in entrambe le direzioni – questo Spazio non è solo vuoto, è anche pieno.

Là state guardando attraverso due fori.

Indossateli. Ora state guardando da un unico foro – il vostro sconfinato Occhio Singolo!

Girate su voi stessi. Siete voi a muovervi o è il mondo che si muove?

Con gli occhi chiusi, quanto grandi siete? Di che forma? Di che età?

La vostra faccia è sopra le vostre spalle o nello specchio?

Grazie a Dio, non sono come quello!

Tempo e Senza Tempo

Là il movimento delle mani segna il passaggio del tempo. Tempo e cambiamento vanno insieme.

Qui non c'è nessun movimento, nessun cambiamento, nessun tempo Guardiamo nel tempo dall'Assenza di Tempo.

Douglas sviluppò anche esperimenti di gruppo...

L' Esperimento Inclassificabile

Attaccherò un bollino sulla vostra fronte senza che ne vediate il colore.

Le regole sono – non parlare, non guardare allo specchio e non toccare il bollino.

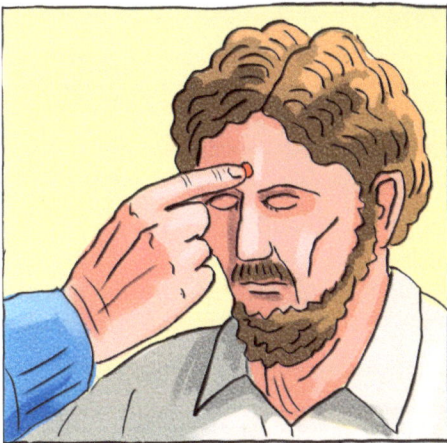

Conto fino a 5, al 5 tutti i verdi devono essere qui, tutti i rossi là, i blu qui e i gialli là...

VERDE   ROSSO

1, 2, 3, 4, 5. Dovete muovervi! Via!

VERDE !   !?   !?   ROSSO

?   !   ?   ?

107

109

Io mi sono mossa perché ce l'hai detto tu. E se non mi fossi mossa non avrei imparato niente.

Stare fermi significherebbe non giocare, e se non c'è nessun gioco, non c'è nessun divertimento.

Dobbiamo partecipare se vogliamo imparare e avere delle avventure – non solo in questo gioco ma anche nella vita.

Io sono daltonica. Mi rendo conto di averti messo nel gruppo sbagliato.

E io che ti ho creduto!

Gli altri ci dicono chi siamo. Benché essi non siano completamente affidabili, funzionare in società include avere fiducia negli altri.

Mi sentivo esclusa finché qualcuno non mi ha accolta in un gruppo.

Tutti noi abbiamo un profondo bisogno di appartenenza.

Non mi piace essere etichettato. E' restrittivo.

La nostra resistenza è comprensibile!

110

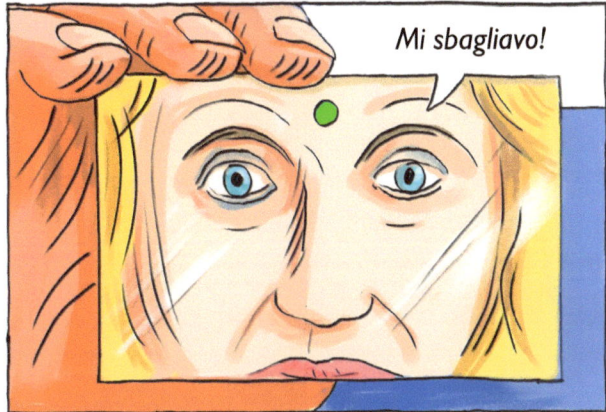

Naturalmente! Il mio vuoto senza faccia! Non ho bisogno che gli altri confermino che è reale.

La mia Vera Natura è ovvia. E' l'unica cosa di cui sono sicuro.

Come può il vedere questo Spazio portare beneficio alle nostre vite?

Questo spazio non è maschile o femminile, Cristiano o Musulmano. Qui non siamo diversi.

Sì! Io non sono in un gruppo, tutti i gruppi sono in me. Il mondo deve saperlo!

Il mio essere interiore è totalmente affidabile. Che scoperta!

La nostra identità è bilaterale. Pubblicamente io sono classificabile. Voi mi classificate come una persona – come Douglas. Io confido nel vostro feedback per conoscere me stesso.

Ma privatamente io sono inclassificabile. Non ho bisogno di voi per verificarlo. Lo vedo da solo. Solamente io sono l'autorità riguardo a ciò che io sono qui perché io solo sono qui.

Risvegliarsi al vostro Vero Sé è rinascere a nuova vita. Non siete più imprigionati nella vostra apparenza.

Questa è la fonte di grande libertà,

fiducia, meraviglia, gioia, amore, pace...

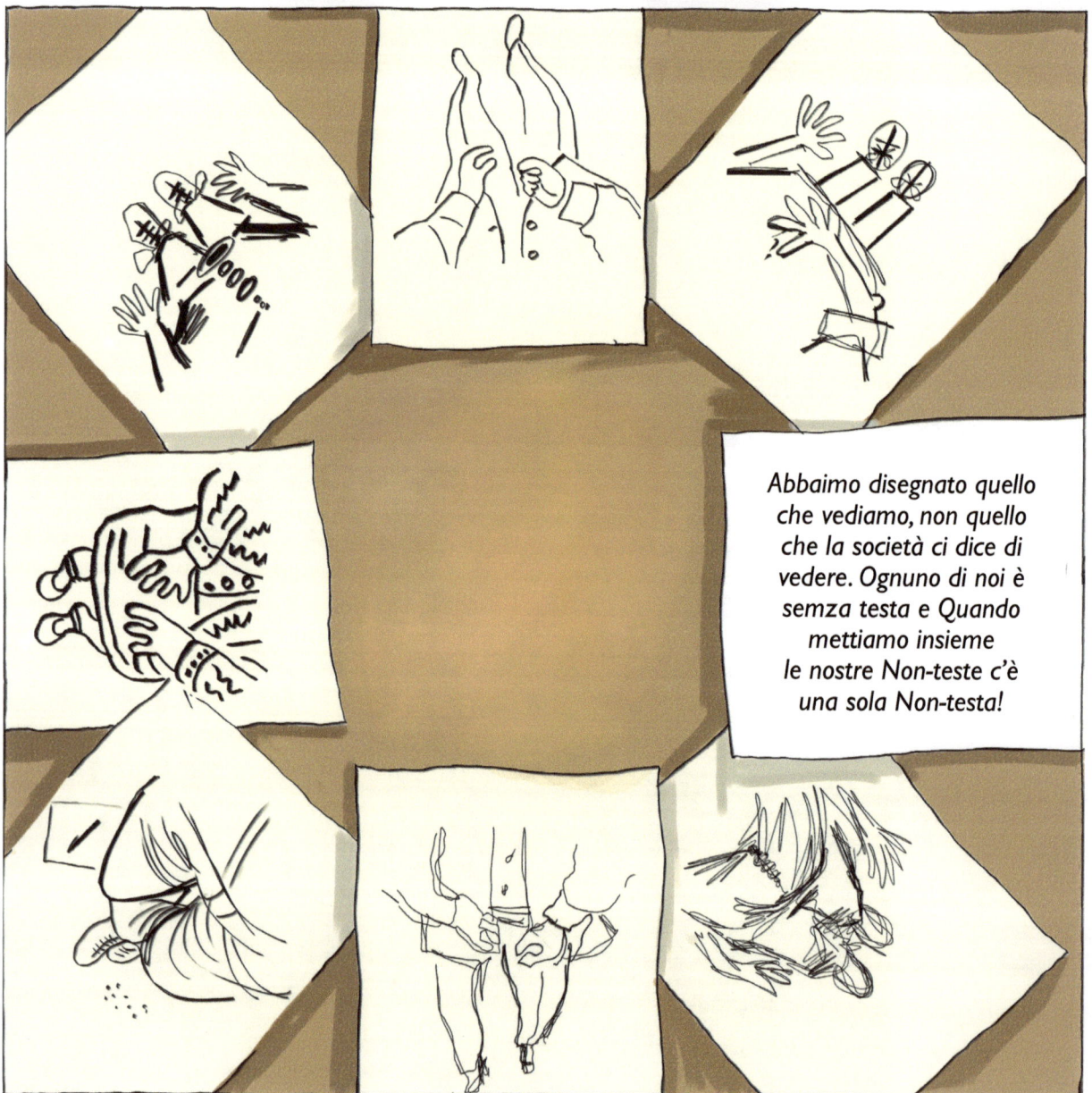

Il Sole Della Mia Anima

Tra le vostre braccia c'è la vostra esclusiva visuale fuori.

La vostra visuale fuori si sovrappone alle visuali fuori di altri.

Voi sperimentate solo la vostra visuale fuori. Delle altre visuali fuori ne sentite parlare.

State guardando la vostra visuale fuori da questa infinita Consapevolezza.

Noi sperimentiamo una delle visuali da questa Consapevolezza e sentiamo parlare delle altre.

Molte visuali da un'unica Consapevolezza!

Questo è un modo di pensare al mistero dell'Uno che è Molti.

La Consapevolezza è come il Sole, Una Luce, molti Raggi.

Douglas raccolse in un kit gli esperimenti in numero sempre più crescente.

TOOLKIT FOR TESTING
THE
INCREDIBLE HYPOTHESIS

IPOTESI
·Egli è più vicino del respiro
e delle mani e piedi!'

Ne fece un centinaio di copie che regalò.

Se sono Dio dovrei avere poteri divini.

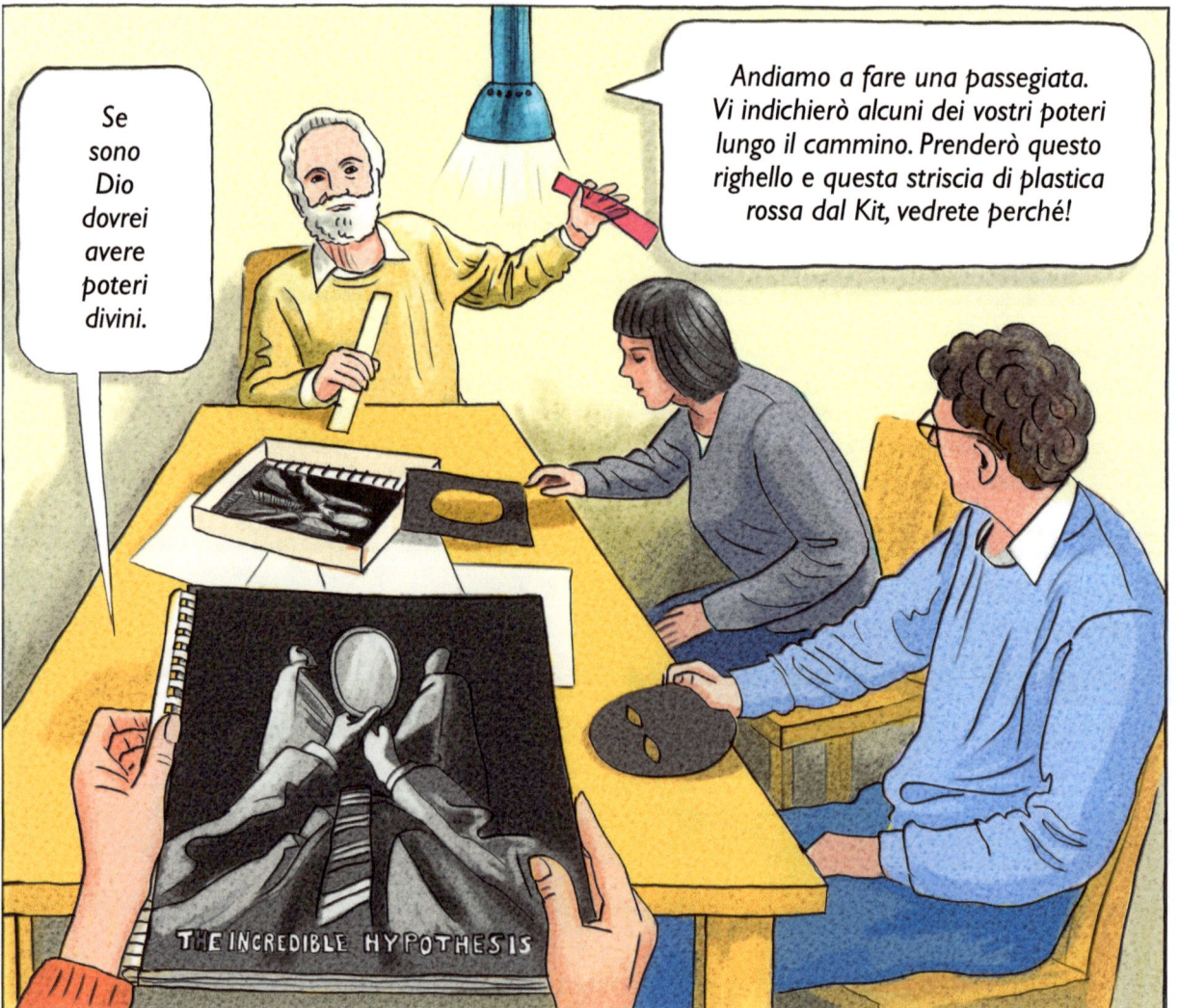

Andiamo a fare una passeggiata. Vi indichierò alcuni dei vostri poteri lungo il cammino. Prenderò questo righello e questa striscia di plastica rossa dal Kit, vedrete perché!

THE INCREDIBLE HYPOTHESIS

Lasciando cadere tutte le preoccupazioni, guardate voi stessi come se fosse la prima volta, credete in ciò che scoprite.

Quando io apro e chiudo i miei occhi, per voi il mondo non cambia. Cosa accade quando lo fare voi?

Io distruggo e ricreo il mondo!

Ecco uno dei vostri poteri divini.

Voi mi vedete muovere, mentre il mondo rimane fermo.

Io solo metto ogni cosa in movimento!

Mi vedete rimpicciolire per passare attraverso questo cancello.

Ma il cancello si espande per accogliere me!

Ora è di nuovo più piccolo.

Avete il potere di far crescere e rimpicciolire le cose.

Un gufo! Quando lo guardo lui diventa il centro del mondo.

Vedo quello che vuoi dire.

Qualunque cosa tu guardi, la onori mettendola al centro, come un re onora una persona della sua corte presentandola di fronte a tutti gli altri.

121

Guardo in basso il mio corpo.

Ora guardo in altro verso il cielo. Per tutto questo tempo, voi potete vedermi.

Quando io guardo in alto, io scompaio!

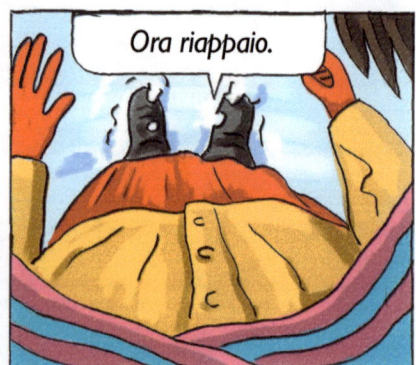

Ora riappaio.

Apparire e scomparire. Magia!

Ecco qui il righello del Kit degli strumenti.

Quando misuro tra me e quella stella, tu osservi che io sono qui e la stella è là.

Ora usalo tu.

Il righello si reduce a un punto. Nessuna distanza! La stella è qui in me!

Viaggi astrali! Un altro dei vostri poteri! Da qualsiasi parte tu guardi, ci sei. Istantaneamente!

Quando guardo attraverso questa striscia di plastica, voi non vedete nessun cambiamento nella scena intorno a me.

Quando ci guardo attraverso, dipingo il mondo di rosso!

Nessun uomo può fare queste cose. Solo Dio possiede questi poteri – L'Uno è più vicino a voi del vostro respiro.

123

Come fanno i miei poteri a darmi beneficio?

Non portano benefici all'esterno, ma all'interno confermano il nostro stato divino.

L'Uno dentro di me è grande!

Siete una meraviglia. **La** Meraviglia. Quanto sei potente! Che immaginazione e stile creativo!

Non solo state creando ogni cosa, voi state anche creando voi stessi!

Voi siete Dio che come un illusionista fa misteriosamente venir fuori voi dal nulla.

L'auto-origine! Questa è la più grande di tutte le magie!

124

Douglas stilò uno sviluppo personale in quattro stadi.

1. Da bambino sei senza testa – spazio per il mondo.

Non sei quello nello specchio.

Non sei consapevole che gli altri ti vedono come un bambino.

2. Da bambino impari ad essere quello nello specchio.

Quello è Douglas.

Quello sei tu.

'Indossando' la tua faccia.'

Immagina di – afferrare la tua faccia nello specchio,

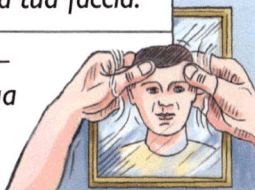

tirarla fuori,

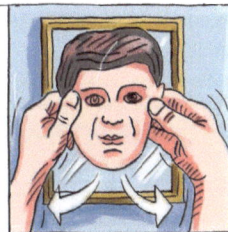

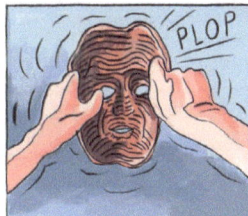

rovesciarla,

tirarla per adattarla.

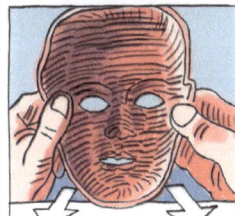

e indossarla.

Ora ti pensi così come ti vedono gli altri.

Bravo, Douglas.

Ma spesso, da bambino, ti dimentichi di indossare la tua faccia.

3. Da adulto indossi la tua faccia tutto il giorno.

Quello sono io.

Dall'essere tutto ti sei ridotto ad essere una piccola parte.

Non sorprenderti se ti senti insicuro, imprigionato, alienato...

4. L'osservatore.

Ora vivo una doppia vita. Pubblicamente sono una persona, privatamente sono spazio per il mondo!

Che sollievo! Profonda sicurezza, libertà, ricongiungimento con il mondo.

125

Alcuni giovani amici di Douglas facevano uso di LSD.

Douglas, vuoi farti un viaggio?

Mi piacerebbe sperimentarlo.

Una sera...

Uno ciascuno! Basterà per tutta la notte.

Il Silenzio sembra persino più profondo del solito.

Facciamo un esperimento.

Tu diventi lo spaventoso goblin nella carbonaia della mia infanzia!

Al mattino.

Sono contento di aver fatto questa esperienza, ma non la voglio rifare.

E' stata un'esperienza di picco che è passata. Il nostro Vero Sé è un'esperienza di "vallata" – umile, sì, ma sempre qui, sempre disponibile.

126

Douglas stava andando a pieno regime. Scrisse altri libri e continuò a viaggiare.

Ǝ W
La Scienza della 1a Persona

IL VANGELO NASCOSTO

IL VANGELO NASCOSTO

GIOCHI PER IL REGNO

Olanda		Canada	
	Belgio		Francia
Svizzera		USA	

Rispondete a questo koan Zen — Come si può inghiottire l'intero West River in un sorso?

Il West River non è nelle vicinanze ma l'East River lo è. Mettetevi vicino rivolti a monte. Guardate come esso scorre dentro la vostra Vasta Bocca!

New York

Scrisse degli articoli.

THE MIDDLE WAY
JOURNAL OF THE BUDDHIST SOCIETY

The Mountain Path

Un Seminario Buddista

Perseo e la Gorgone

Douglas continuò a insegnare religione comparata.

Aveva ospiti la maggior parte dei weekend, e spesso durante la settimana.

1975 BBC 2
La Storia Interiore

Douglas, iniziarmo a filmare tra dieci minuti.

La sua energia e creatività sono infinite!

Mi affido alla Fonte. Essa è il pozzo che non si esaurisce mai.

1975. Scuola Estiva Buddista

Non illudetevi! – nessuno qui diventerà Illuminato in questa vita.

Questo è rivolto a me! Sono 17 anni che vengo ma questa è l'ultima volta.

Beryl è d'accordo se usiamo entrambe le case per questo raduno di dieci giorni mentre lei è via.

Invece di testare la nostra esperienza tramite le parole di Gesù, testeremo le sue parole tramite l'esperienza.

THE HIDDEN GOSPEL

"Dove due o tre riuniti nel Mio nome, lì IO SONO in mezzo a loro."

Sì. Questo Spazio dal quale emergono i nostri corpi è l'IO SONO in mezzo a noi.

"Gesù disse: Prendete e mangiate – questo è il mio corpo."

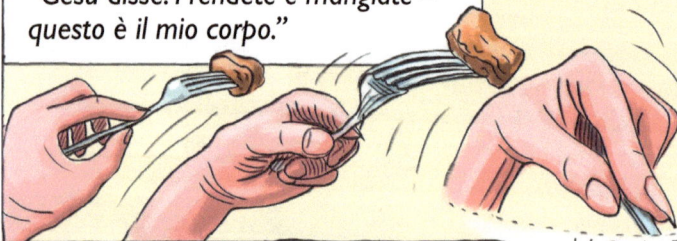

Questo cibo scompare nell'Uno. La materia diventa spirito. Ogni pasto è Santa Comunione!

VOID

Quando Beryl ritornò...

Douglas, la nostra relazione è finita, me ne vado.

Tieni questa casa. Io vivrò nell'altra.

No, mi trasferisco a Ipswich.

128

Sto preparando una comunicazione scritta per la nostra crescente comunità.

Ho disegnato un logo per questo, Anne.

SHARE TO SHARE

Richard tu sei la prima persona a leggere la versione integrale della L'Ordinamento.

E' un libro sorprendente, Douglas. Il mondo dovrebbe conoscerlo!

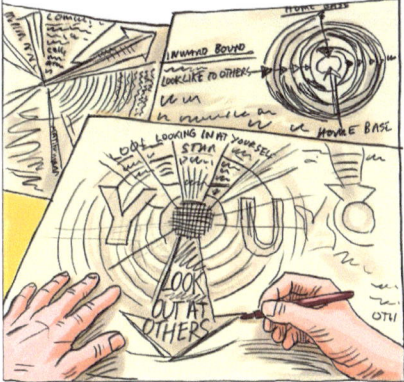

Potrei fare un modello che rappresenti L'Ordinamento...

L'Youniverse Explorer è un modello per ognuno di noi.

Esternamente ci sono gli strati del nostro corpo. Internamente ci sono gli strati della nostra mente.

Inizia a registrare la guida audio, Douglas.

Ho progettato l'Youniverse Explorer per aiutarmi a porre la più eccitante delle domande – Chi sono io?

A GUIDE FOR COSMONAUTS

SIDE 1 INTRODUCTION & VANES 1 to 3 · SID

! You've happened! You are	0	
how you appear to others	181	
what you see in the glass	292	
what you feel like and need	395	
? We zoom in to you and find	482	

Una lettera da Hal dell'Amministrazione Carter

Direttore Didattico per i Grandi Talenti

31 Agosto 1976

Mi congratulo per la Sua incredibile creatività. Questo è il più eccitante ed economico curriculum che abbia mai visto!

Perché il Direttore Didattico in America è interessato al Youniverse Explorer?

Hal riconosce che è un modello veramente necessario in tutto il campo della conoscenza.

Esso posiziona ogni argomento studiato a scuola entro un tutto organico.

Non solo, ogni strato è un vostro strato, un'aspetto del Vostro Centro.

Se un soggetto non è rilevante per noi, è difficile esserne interessati.

Ma con un semplice sguardo gli studenti vedono che ogni soggetto è rilevante perché essi stanno conoscendo uno dei loro strati.

Biologia, chimica e fisica studiano i nostri propri strati,

storia, politica, letteratura... gli strati mediani,

geologia, geografia, astronomia... gli strati esterni.

Ora uno studente può dire, 'La scuola riguarda me!'

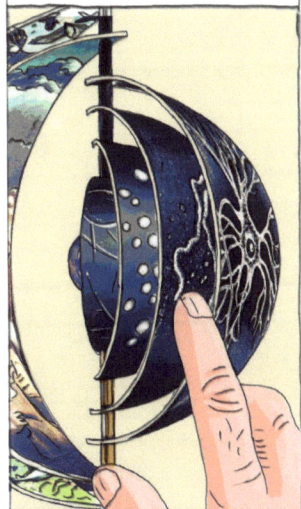

Ogni scuola dovrebbe averne uno!

131

Guarda
la sfera
nel centro.
Essa riflette
l'universo!

Il Centro
di tutti gli
strati
contiene
tutti gli strati!

132

Douglas scrisse una storia, un'odissea attraverso gli strati dell'Youniverse.

(G.N. Idrah è Harding al contrario)

VIAGGIO AL CENTRO DEL TUO UNIVESO DI G.N. IDRAH

Sono Youlisse. Per la prima volta in assoluto sento un suono nel silenzio senza fine. Una canzone. Chi sta cantando? Voglio saperlo.

Primo, sembra che la canzone provenga da questa galassia.

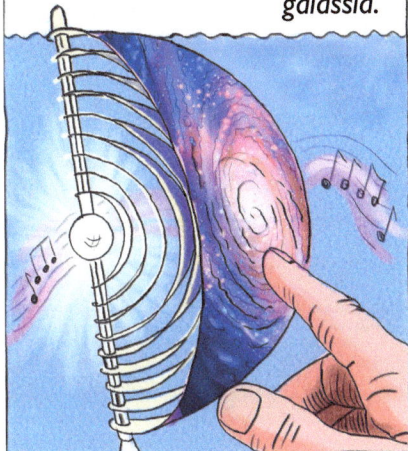

Improvvisamente appare il Lupo Mannaro. Esso che mi insegue.

Io scappo saltando dentro la galassia. Scopro una stella. E' lei che canta?

Ma il Lupo Mannaro continua a inseguirmi.

Saltando dentro la stella per scappare, trovo un pianeta – la Terra. Deve essere lei che canta! Voglio rimanere qui ma il Lupo Mannaro non mi permette di fermarmi. Continua a darmi la caccia.

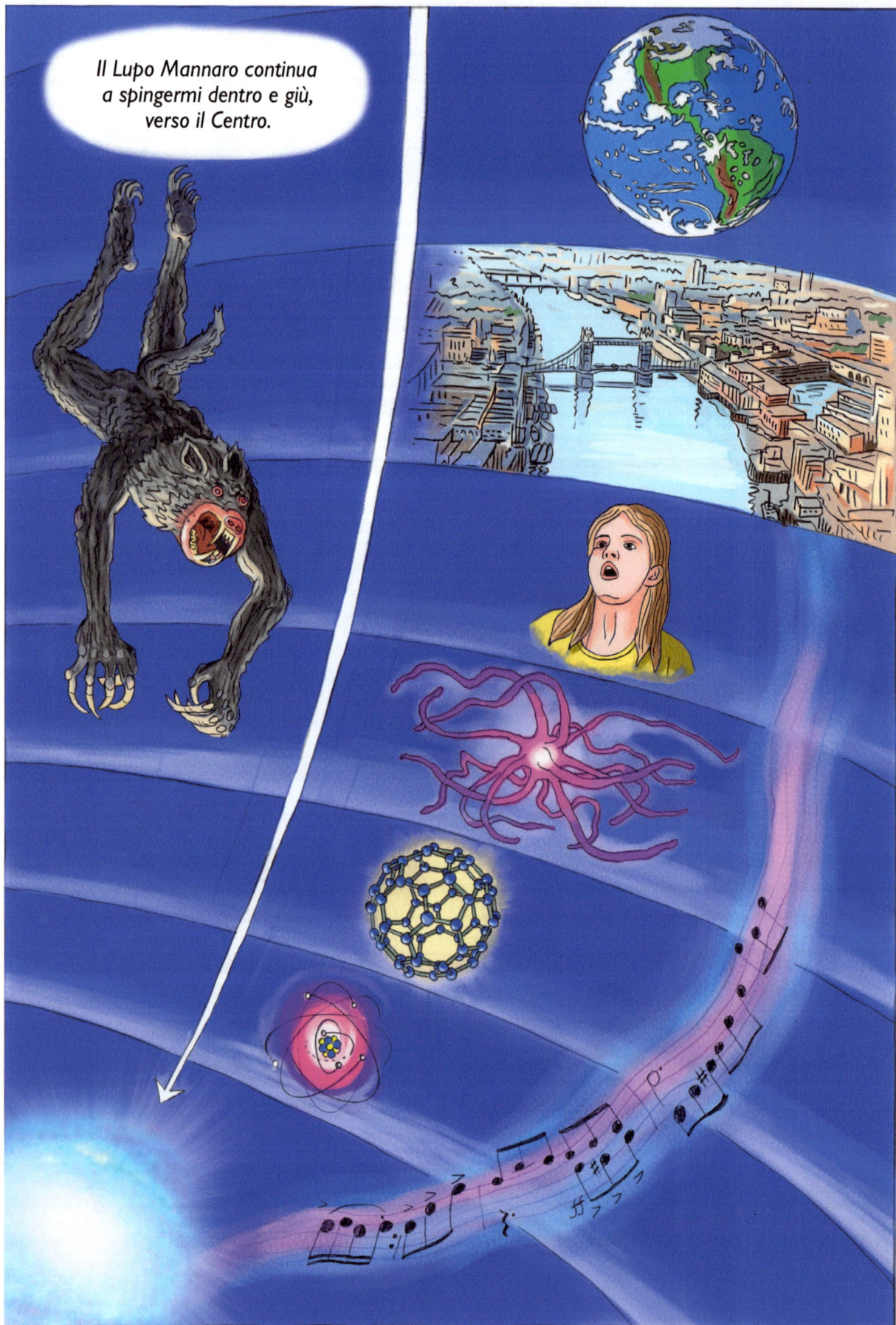

134

Inseguito fino dentro il Centro. Io divento nulla.

Infine scopro da dove proviene la melodia.

Vuto! Silenzio!

Girandomi e guardando fuori, scopro che ogni cosa proviene da qui!

Poiché il Lupo Mannaro non mi permette di fermarmi prima del Centro, è proprio un amico.

Esso rappresenta le difficoltà della vita che continuano a spingermi verso casa nel mio Vero Sé.

135

Douglas affitta Under Shollond.

Ecco le chiavi.

1977. Una Notte Buia. Douglas perde fiducia in se stesso.

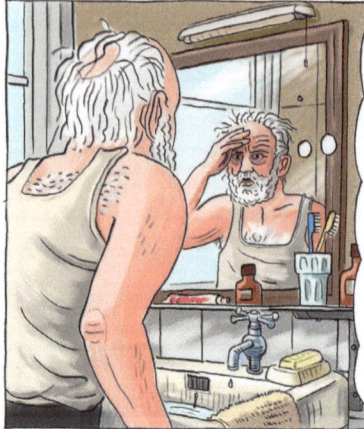

Sono un fallimento e un imbroglio. Non metto in pratica quello che dico. Sono Douglas Il Chiacchierone!

Non mi merito la fiducia che Dio ha riposte in me per svolgere il compito di condividere il Vedere.

Anne, non riesco a dormire.

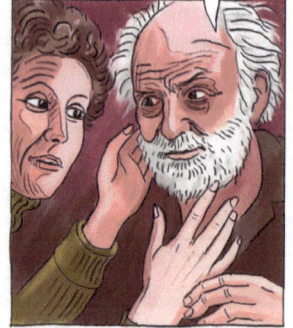

Parla molto, passa dall'essere euforico alla depressione, sta facendo strani disegni.

Mi sento abbandonato dall'uomo e da Dio.

Il tubo che dal pozzo che porta alla casa è bloccato.

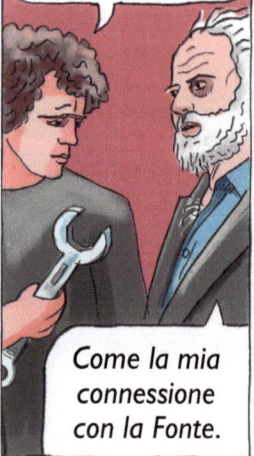

Come la mia connessione con la Fonte.

Arrivo a percepire il vuoto nelle mie ossa.

Tre settimane dopo.

E' finita la crisi, Douglas?

Sì, Anne, anche se mi sento ancora indegno.

Ma ora sono più convinto della misericordia di Dio, del fatto che Lui mi accetta con tutti i miei difetti.

Arrendersi al volere di Do è il nocciolo della questione.

Werner Erhard vuole che ci incontriamo a Londra.

Chi è?

Douglas, sono veramente entusiasta riguardo al Suo lavoro. Voglio portarla in giro.

Finché sono libero di fare le mie cose.

Vorrei tenere il prossimo seminario a Londra, così capisco meglio l'est.

Vedo di organizzarlo.

E' l'influente fondatore Americano di est – Erhard Seminars Training.

Luglio 1978.

Diventate il caos!

Una tempesta là, pace totale qui.

1979 est presentò Douglas in otto citta americane.

La est Fondation presenta
La Via Senza Testa

Una Serata con
Douglas Harding

San Diego, Seattle, Honolulu, Denver, Aspen, Houston, Chicago, Philadelphia

Il Kit Giallo degli Strumenti progettato Douglas venne dato a ogni partecipante.

Sbucciatura della cipolla

VOI

Denver

Douglas è uno dei primi filosofi Occidentali a dire che l'Illuminazione è istantanea.

Duemila persone e non mi sento sotto esame!

Al rientro in Inghilterra

Quasi nessuno di quel tour ti ha contattato.

E' deludente. Ma il Vedere non fa affidamento sulle persone.

Comunque non è questione di numeri. Dopo tutto ce n'è solo Uno.

138

76 anni e viaggia in tutto il mondo!

La prego di aprire la sua valigia, signore.

Ovviamente pensa che tu spacci droga!

Lo so, Richard! Sono un tipo che crea sospetti!

Che cos'è questo?

E' per mostrare chi sei realmente.

Guardi cosa succede quando indossa il cartoncino.

Il piccolo spazio...

che contiene parte del mondo...

diventa lo Spazio infinito...

che contiene

ogni cosa.

E' imbarazzante!

Va bene signore! Può andare!

Non perdi mai l'occasione di condividere il Vedere, Douglas!

Stadi Del Percorso

Il mio libro On Having No Head verrà ripubblicato. Sto aggiungendo una nuova parte.

Per un po' dopo il primo accadimeto del Vedere, i benefici possono essere ovvi.

PACE
DISTACCO
GIOIA

Ma forse dopo anni di pratica realizzi che ti stai aggrappando come l'edera al tuo sé separato.

Tutti i miei progressi erano fraudolenti?

Sei arrivato alla Barriera – la resistenza dell'ego al Sé.

Scoraggiato potresti lasciar perdere il Vedere...

O immergerti nella Notte Buia.

La via attraverso l'Oscurità comporta il deporre il volere personale.

141

Abbandonando il tuo sé separato,

tu rinasci ogni giorno al Centro come il divino IO SONO.

La resa profonda del tuo volere personale condurrà alla Conquista.

Ora l'accettare **passivo** del momento presente diventa il volerlo **effettivamente**.

Ora dici di 'sì', incondizionatamente, a qualunque cosa accada.

Profonda Dichiarazione d'Intento: Il mio desiderio è che tutto sia com'è poiché tutto nasce dalla mia Vera Natura.

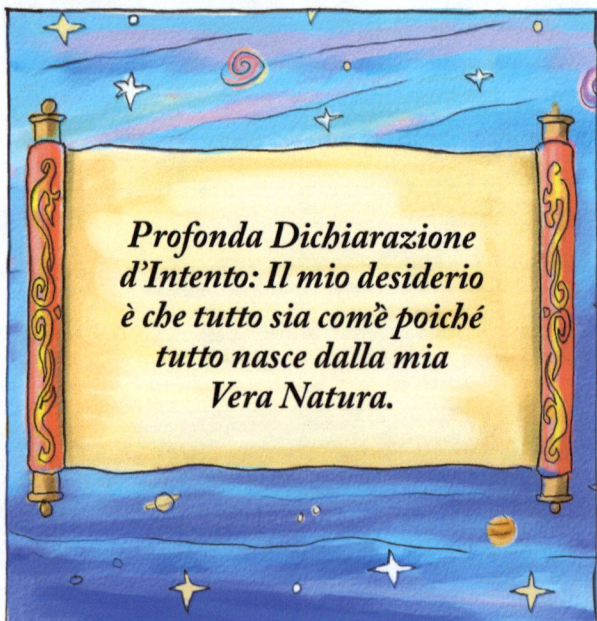

142

Douglas continuò a scrivere.

Ho 77 anni. Mi avvicino sempre più alla morte.

San Paolo chiese: 'o Morte, **dov'è** il tuo pungiglione? O Sepolcro, **dov'è** la tua vittoria?

Io rispondo: "**Là**, a circa 60 cm di distanza, non **qui**, a zero centimetri!"

Il cuore del mio messaggio è non-verbale.

La letteratura sulla morte non sarà mai più la stessa.
Ram Dass

D.E. HARDING
THE LITTLE BOOK OF LIFE AND DEATH
Prefazione di Ram Dass

Scrivi qualcosa sullo stress, Douglas. Tutti ne parlano.

Attraverso te la Fonte mi ha consegnato il mio prossimo lavoro!

STRESS

Smettete di trascurare il Centro libero da stress dal quale vivete.

L'effetto a lungo termine del 'vedere' sul mio stress è profondo – le circostanze stressanti cessano di essere tali.

D.E. HARDING
LIBERI DALLO STRESS
Oltre la linea di fondo.

1988. La relazione di Douglas con Anna cambiò.

Sono profondamente grata per tutto, Douglas,

ma ho bisogno di spazio per esplorare ed elaborare le cose da sola d'ora in avanti.

Capisco, Anne, devi andare avanti a modo tuo.

143

Douglas scrisse un dramma giudiziario.

Lei è accusato del reato capitale di blasfemia.

I nostri 27 testimoni hanno confermato che Lei è umano, non divino.

In questa corte possiamo tutti vedere che Lei è un uomo.

Questo perché Lei sta guardando **me**.

Se Lei guarda **se stesso** vedrà ciò che vedo io.

Io non sono un uomo e non sono in questa corte, essa è in me, in questa Unica Consapevolezza che illumina il mondo.

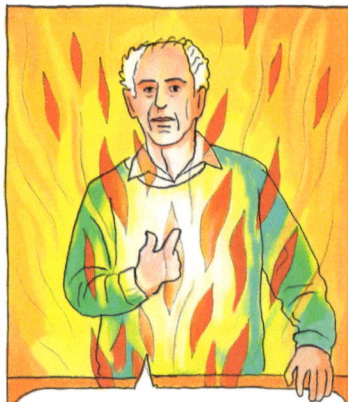

Sono questa Luce. Qui non c'è nessuna scintilla di quel Fuoco ma l'ardente Fornace stessa, unica, eterna.

Ditelo al boia, blasfemo!

La giuria si ritira per raggiungere il verdetto.

Fate quello che volete di me, Io vivrò da ciò che vedo è qui non da ciò che voi dite sia qui. E lo comunicherò al mondo.

D.E. HARDING

IL PROCESSO ALL'UOMO CHE DICEVA DI ESSERE DIO

Questo libro quindi è dedicato alla mente che il cuore canta.

Padre Gerard Hughes

144

1991

Douglas, hai 82 anni, stai viaggiando da due mesi e hai ancora tonnellate di energia!

Perché non vado da nessuna parte.

Non sono venuto in Australia – l'Australia è venuta da me!

Ho sentito dire che stai scrivendo un altro libro.

Sì. The Spectre In The Lake. E' la versione moderna di Il Pellegrinaggio del Cristiano.

L'eroe si espande per diventare tutto, ma soccombe all'orgoglio.

Ne segue una crisi.

Viene internato in un manicomio per 'normalizzarlo', per ridimensionarlo alla giusta misura.

La redenzione dell'eroe comporta l'attraversare una porta ed entrare nelle buie catacombe di un castello...

Dopo un viaggio avventuroso egli rinasce.

Ora ha maggiore rispetto per il suo sé umano, 'lo spettro nel lago',

e anche per il suo Sé divino.

E' la storia della mia vita!

E' anche una storia d'amore.

Man mano che invecchio realizzo più profondamente che l'amore è tutto.

Mentre stava scrivendo questo libro, Douglas si innamorò.

145

Parigi, Maggio 1991

Catherine, vieni al seminario di Douglas Harding.

Non mi interessano i guru!

Non è un guru. Ti ci porto io!

State guardando da due occhi o da un un unico Spazio senza confine?

Finalmente qualcuno che rende disponibile l'**esperienza** del Sé.

I Suoi esperimenti sono fantastici. Funzionano.

Vedo che ha afferrato il messaggio! Rimaniamo in contatto.

Febbrio 1992. Douglas era nuovamente in Francia.

Catherine, il mio traduttore mi ha lasciato a piedi. Puoi sostituirlo tu?

D'accordo!

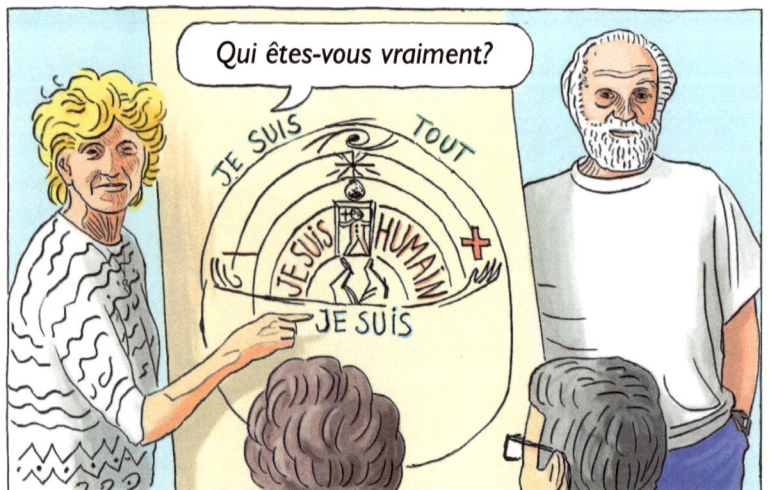

Qui êtes-vous vraiment?

JE SUIS — TOUT — JE SUIS HUMAIN — JE SUIS

Hai tradotto brillantemente.

Sembra naturale! Due voci, una consapevolezza!

Ritorno in Francia in Agosto. Mi aiuterai di nuovo?

Mi ha fatto piacere.

Ottobre 1992

La mia casa è la tua casa.

La mia nave ha trovato il suo porto.

Catherine e Douglas viaggiavano spesso, tenendo seminari insieme – America, Israele, Giappone, Francia... Si sposarono nel Febbraio 1995.

Incontrare Catherine ha fatto una grande differenza nella tua vita, Douglas.

Sì. Per vivere più pienamente abbiamo bisogno di un compagno. Sto imparando continuamente da Catherine.

Non siamo sempre d'accordo.

Catherine ha il suo proprio punto di vista. Ma questo battibecco, questa discussione, è buona per entrambi.

Se mi sento irritata da Douglas, ritorno qui e sono Spazio per lui. Poi l'irritazione sparisce e non rimane nessun reale problema.

Innamorato di Catherine, il cuore di Douglas si aprì ancora di più.

L'avvento di Catherine nella mia vita è un regalo di Dio, un miracolo.

Camminiamo mano nella mano, guardando nella stessa direzione.

Fuori verso il mondo fuori e dentro alla Fonte.

Avere una voce maschile e una femminile in un gruppo crea un buon equilibrio.

Io predico, Catherine affascina!

147

Intervista video 2001

Qual'è il tuo lavoro, Douglas?

Vedere che non sei quello che appari, Richard!

Gli esperimenti sono fondamentali,

perché rendono il chi realmente siamo accessibile a tutti.

La società non riconosce questa nuova scienza, la scienza della 1a Persona.

Stupefacente, vero! Ma la verità prevarrà.

Anche le mie mappe, e il modello dello Youniverse Explorer, sono importanti.

Anch'essi indicano l'Uno.

Si tratta di una terapia? E riguardo alla mente?

Dov'è la tua mente?

I miei pensieri e le mie sensazioni non sono qui in un contenitore, separati dal mondo.

La mia mente è espansa.

Vedere guarisce l'immaginaria separazione tra il sé e il mondo.

Quella è terapia! Quella è salute mentale!

Dopo vent'anni da solo con il Vedere, ora hai molti amici.

E' una benedizione condividerlo con altri.

Questa Chiarezza è la sola cosa che si può di sicuro condividere.

Quello che io vedo blu potrebbe essere rosso per te, ma qui al Centro non c'è niente da non essere d'accordo.

Questo nulla non è solo nulla, vero?

2003

Vado in Francia a vedere i miei figli ma non intendo laasciarti da solo. Hai 94 anni! Chiederò a qualcuno di stare con te.

No me la caverò. Catherine. Vai!

Sei testardo!

Il telefono!

DRRRING....
DRRRING....

DING DONG

Suonano alla porta.

La porta è aperta. Entrate. Ho bisogno di aiuto!

Andiamo a chiamare un'ambulanza.

Come va con il dolore?

Non riuscivo ad arrendermi al dolore, ma mi sono arreso alla mia incapacità di arrendermi!

Non ti lascerò più!

Mi hanno salvato i Testimoni di Geova, sono stato salvato dai Testimoni di Geova!

Ti sono cresciute le ruote!

Sì.

151

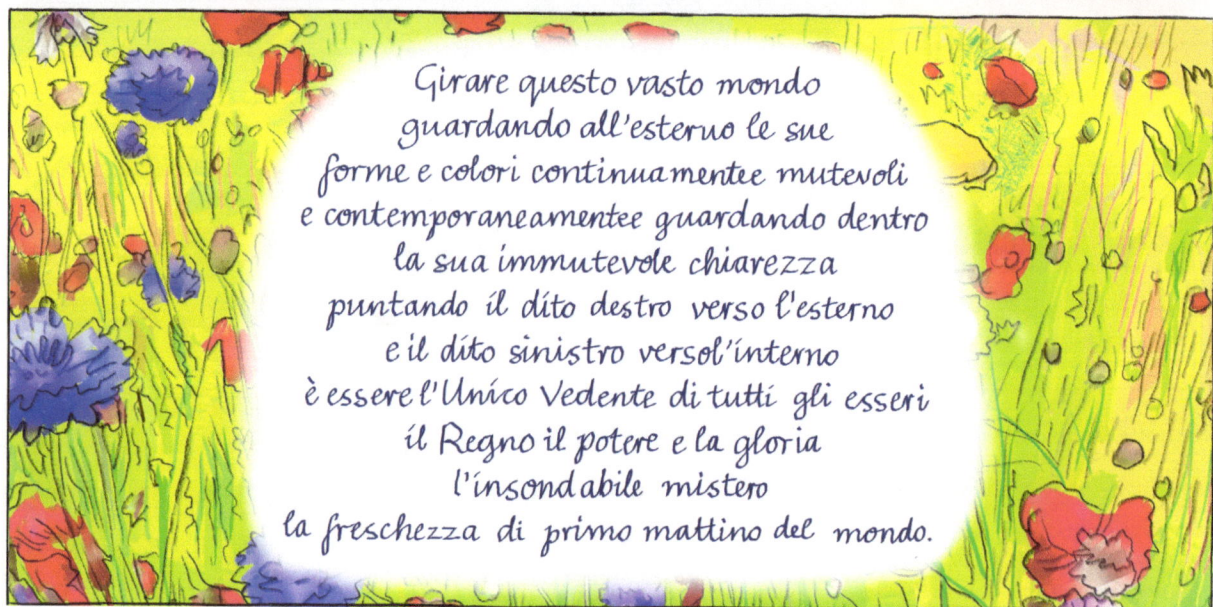

152

Ogni tanto Douglas vedeva I figli.

Ciao, papà.

Lydia!

Simon! Julian!

Dicembre 2006

Douglas prese la polmonite.

Sono qui con te, Douglas.

Sembra che tu entri ed esca dalla coscienza, Douglas.

E' molto interessante morire, David. Cambiamento là, nessun cambiamento qui.

Sì, Richard.

Ci assicureremo che questo meravigioso, semplice e diretto modo per tornare a Casa si diffonda nel mondo.

153

L'insondabile mistero
la freschezza di primo mattino del mondo.

Com'è nato Questo Libro

Nel 2012 avevo fatto un film riguardante la vita e le idee di Douglas Harding e lo avevo pubblicato su YouTube. Victor Lunn-Rockdifle è un artista con il quale ho intrattenuto una corrispondenza per diversi anni. Egli vide il film e suggerì che si poteva fare una buona biografia grafica. Ci scambiammo delle e-mails per valutare l'idea – io non sapevo nemeno cosa fosse una biografia grafica, e figuriamoci se sapevo come crearne una! Ma mi parve un'idea eccitante, così dissi di sì.

Il mio compito era quello di scrivere il testo. Avrei spedito le mie idee a Victor pagina per pagina. Victor avrebbe fatto uno primo schizzo seguito da un disegno dettagliato e poi la versione a colori. E' stato affascinante vedere materializzarsi ogni pagina, vederla apparire magicamente dal nulla!

Abbiamo gestito l'intero processo via internet. In effetti fu solo nell'estate 2015 che incontrai Victor. Prima di allora non avevamo nemmeno parlato al telefono! Tutto quello che posso dire in nostra difesa è che viviamo in parti diverse del mondo – io vivo a nord -est di Londra e Victor vive ad ovest di Londra...

La mia parte del progetto includeva l'esaminare la vita di Douglas prendendo spunto non solo dalle numerose conversazioni che avevo avuto con lui – siamo stati amici per oltre 35 anni – ma anche dalle interviste condotte con lui e dalle conversazioni che avevo avuto con amici che lo conoscevano. Sono anche in possesso di molti suoi giornali, lettere, agende e quaderni come pure di parecchie fotografie di Douglas, fotografie di persone che hanno fatto parte della sua vita, e fotografie di posti dove ha vissuto. Abbiamo preso spunto da tutte queste risorse per ottenere un'immagine della vita di Douglas e dello sviluppo del suo pensiero più fedeli possibile.

A nome di Victor e mio, desidero ringraziare i molti amici che hanno letto e riletto le nostre varie bozze e fornito così tanti utili e stimolanti commenti.

Nel 1996 io ho fondato la Shollond Trust, un'asssociazione senza scopo di lucro con sede in Gran Bretagna il cui obiettivo è quello di divulgare il più possibile la filosofia di Douglas Harding.. Potete accedere a maggiori risorse riguardanti la Via Senza Testa sul sito dell'Associazione – headless.org

Richard Lang

Libri di Douglas Harding

Quasi tutti i libri di Douglas Harding sotto indicati sono disponibili per l'acquisto on line sul sito web Headless Way (headless.org).

The Crimson Tiger

The Meaning and Beauty of the Artificial

How Briggs Died

The Melwold Mystery

An Unconventional Portrait of Yourself

The Hierarchy of Heaven and Earth

Visible Gods

On Having No Head (Non Avere La Testa)

Religions of the World

The Face Game

The Science of the 1st Person

The Hidden Gospel

Journey to the Centre of the Youniverse

The Little Book of Life and Death

Head Off Stress

The Trial of the Man who said he was God

Look For Yourself

The Spectre in the Lake

To Be And Not To Be

The Turning Point

Just One Who Sees

As I See It

Altre pubblicazioni

Face to No-Face (David Lang)

Seeing Who You Really Are (Vedere Chi Realmente Sei) (Richard Lang)

Open to the Source (Richard Lang)

A Flower in the Desert (David Lang)

The Light that I am (J.C. Amberchele)

Celebrating Who We Are (Celebrare Chi Siamo Veramente) (Richard Lang)

Incredible Countries (Colin Oliver)

The Freedom to Love (Karin Visser)

www.ingramcontent.com/pod-product-compliance
Lightning Source LLC
Chambersburg PA
CBHW041955100426
42812CB00018B/2659